Die Back-Klassiker

Mit Fotos: Schritt für Schritt zubereitet

Liebe Leserin, lieber Leser,

IMPRESSUM

© 2010 by
ZEITGEIST MEDIA GmbH, Düsseldorf,
und Axel Springer AG, Berlin

Vertrieb

Niederkasseler Straße 2
40547 Düsseldorf
Tel. 0211-55 62 55
E-Mail: info@zeitgeistmedia.de

Herausgegeben von
Michael Quandt
und Anja Velings
im Auftrag von
BILD am SONNTAG

Redaktion Zeitgeist Media
Inga Küll
Katharina Fleischer

Layout
Marcus Eckhardt

Bildnachweis
Seite 124

Druck
MohnMedia
Mohndruck GmbH, Gütersloh

Printed in Germany
ISBN 978-3-934046-05-4

Titelfoto: Marmorkuchen
Foto: Andreas Friese

herzlichen Glückwunsch, Sie haben ein Schnäppchen gemacht! Auf den folgenden 122 Seiten finden Sie rund 660 Torten- und Kuchenstücke. Alles hübsch und lecker verpackt in Apfelstrudeln, Windbeuteln, Makronen, Rüeblitorten und dem Klassiker auf dem Kuchenteller – der 1930 vom Konditor Erwin Hildenbrand aus Tübingen erfundenen Schwarzwälder Kirschtorte. Wo bekommen Sie einen solch gehaltvollen Inhalt sonst für 5,90 Euro?

Nach zwei Kochbüchern präsentieren wir Ihnen heute das erste BILD-am-SONNTAG-Backbuch! Die BamS-Köche Anja Velings (37) und Michael Quandt (41) haben für Sie Töpfe und Pfannen gegen Plätzchenausstecher und Backformen getauscht. Aber alle Rezepte kommen mit der gewohnten Schritt-für-Schritt-Anleitung in acht Fotos.

Unsere beiden Kochbücher „Die Klassiker der Küche" haben sich inzwischen übrigens über 150.000-mal verkauft. Höchste Zeit also, mal Kuchen auszugeben. Nur backen müssen Sie ihn noch selbst.

Viel Spaß dabei wünschen Ihnen

Anja Velings Michael Quandt

Vom Herd an den Backofen: die BILD-am-SONNTAG-Redakteure Anja Velings und Michael Quandt

Inhalt

RÜHRTEIG

HEFETEIG

BISKUITTEIG

MÜRBETEIG

WEITERE KLASSIKER

Ein paar praktische Tipps

Was braucht man als Bäckerin oder Bäcker?

- 1 oder 2 Backbleche
- 1 Springform (26-28 cm ø)
- 1 Kastenform
- 1 Tortenbodenform
- 1 Tortenring
- 1 Spritzbeutel mit verschiedenen Tüllen
- 1 Sieb
- 1 Messbecher
- 1 Küchenwaage
- 1 Rührschüssel
- 3-4 Schüsseln unterschiedlicher Größen
- 1 elektrisches Handrührgerät/ Mixer (mit Knethaken und Rührbesen) oder 1 Küchenmaschine
- 1 Kuchengitter
- 1 Schneebesen
- 1 Rührlöffel
- 1 Teigrolle
- Mehrere Ausstechförmchen für Plätzchen
- 1 Backpinsel
- 1 Teigschaber
- 1 Schaumlöffel
- 1 großes Messer
- 1 Paar Topflappen
- Backpapier, Alu- und Frischhaltefolie

Kuchenformen

Rührschüsseln

Teigrolle

Spritzbeutel

Kuchengitter

Teigschaber

Tortenring

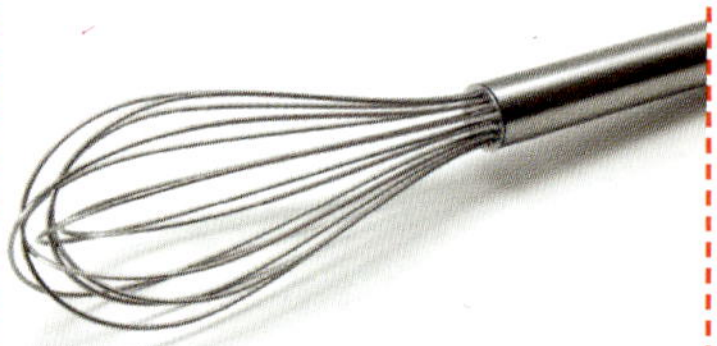
Schneebesen

Schaumlöffel

Außerdem hilfreich

- 1 Gugelhupfform
- 1 Muffinblech oder Papierförmchen
- 1 Streuer (für Kakao oder Puderzucker)
- Tortenplatte
- 1 Palette
- 1 Tortenheber
- Kurzzeitwecker

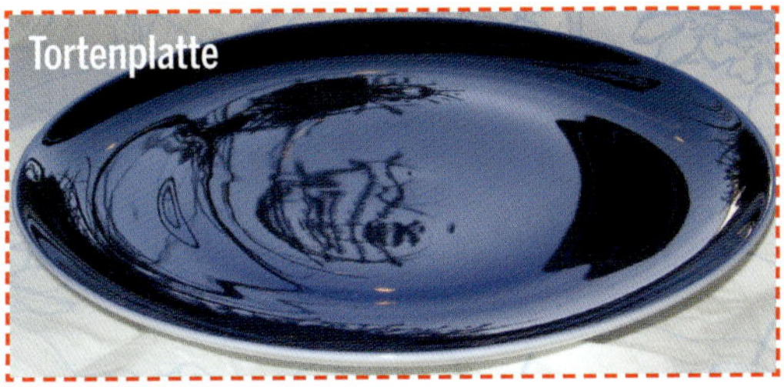
Tortenplatte

Muffinblech

Palette

Vorratskammer

Zum Backen braucht man in der Regel frische Zutaten, wie Butter, Eier, Milch oder Obst. Folgende Dinge können Sie aber längere Zeit auf Vorrat halten:

- Mehl, Backpulver, Trockenhefe
- Zucker, Vanillinzucker, Puderzucker, Honig, Kakao, Salz
- Speisestärke, Gelatine, Tortenguss
- Rosinen/Sultaninen/Korinthen, Mohn, Nüsse, Kuvertüre, Verzierung (Schokoladenstreusel, Zuckerperlen etc.)

Kniffe beim Abmessen

Zutat	1 gestr. TL	1 gestr. EL	1 gehäufter EL
Wasser	5 g	10 g	–
Milch	4 g	9 g	–
Honig	4 g	12 g	–
Butter	4 g	12 g	25 g
Zucker	5 g	15 g	20–25 g
Mehl	3 g	10 g	15–20 g
Salz	5 g	15 g	20–25 g

- 1 Prise = was zwischen Daumen und Zeigefinger passt
- 1 Messerspitze = 3 bis 4 Prisen
- 1 Spritzer = 4 bis 5 Tropfen
- 1 Tasse = 150 ml Flüssigkeit

Abkürzungen und Maßeinheiten

EL	=	Esslöffel	**cl**	=	Zentiliter
TL	=	Teelöffel	**l**	=	Liter
mg	=	Milligramm	**1 cl**	=	10 ml
g	=	Gramm	**1 l**	=	1.000 ml
kg	=	Kilogramm	**⅛ l**	=	125 ml
1 g	=	1.000 mg	**¼ l**	=	250 ml
1 kg	=	1.000 g	**½ l**	=	500 ml
ml	=	Milliliter			

Backofentemperaturen

E-Herd		Umluft		Gasherd
150 Grad	=	120 Grad	=	Stufe 1
175 Grad	=	140 Grad	=	Stufe 2
200 Grad	=	160 Grad	=	Stufe 3
225 Grad	=	180 Grad	=	Stufe 4

Grundteigarten

In diesem Buch sind die Rezepte nach Teigarten sortiert. Doch worin unterscheiden sie sich eigentlich? Und was hilft bei kleinen Fehlern in der Zubereitung?

Rührteig (Seiten 10-35)

Der Rührteig ist die unkomplizierteste Teigart und dazu ein echter Tausendsassa. Er lässt sich mit zahlreichen Zutaten verfeinern – die Palette an Rührkuchenrezepten ist riesig.

Zu den beliebtesten zählen Sand-, Marmor- und Zitronenkuchen.

Die Grundzutaten sind stets die gleichen: Butter, Zucker, Eier, Mehl und meist Backpulver. Man sollte sie genau in dieser Reihenfolge vermengen, damit sich das schwere Fett leichter mit dem Zucker verbinden kann. Und dann heißt es gründlich rühren. Nur so kommt genügend Luft in den Teig, die zusammen mit den Eiern dafür sorgt, dass die fetthaltige Masse im Ofen aufgeht und der Kuchen locker und leicht wird.

DAS KANN SCHIEF GEHEN:

- **Die Masse gerinnt.**

Ursache: **Die Zutaten waren zu kalt!** Am besten alle Zutaten – vor allem Eier – rechtzeitig bereitstellen, damit sie Raumtemperatur annehmen. Geronnene Masse kann in einem warmen Wasserbad glatt gerührt werden.

- **Das Trockenobst sitzt unten im Kuchen und hat sich nicht gleichmäßig verteilt.**

Ursache: **Der Teig war zu weich!** Darauf achten, dass der Teig bei der Zubereitung geschmeidig bleibt, er muss langsam vom Löffel bzw. Rührbesen gleiten. Ist er zu flüssig, noch etwas Mehl unterrühren. Ist er dagegen zu fest, noch ein wenig Milch zugeben.

Hefeteig (Seiten 36-61)

Viele Hobbybäcker meiden diesen vermeintlich komplizierten Teig. Zu Unrecht. Beachtet man einige kleine Regeln, sind Hefezopf, Bauernbrot oder Blechkuchen ein Kinder-

spiel. Das Wichtigste ist eine warme Küche und etwas Geduld – denn der Teig muss vor dem Backen an einem warmen, zugfreien Ort zugedeckt „gehen". Er vergrößert sich in dieser Zeit durch die Hefe.

Man kann fürs Backen Trockenhefe oder frische Hefe verwenden. Letztere erkennt man am angenehm säuerlichen Geruch und einer festen Konsistenz. Ist der Hefewürfel glitschig oder hat harte, trockene Ränder, sollte er nicht mehr verwendet werden.

DAS KANN SCHIEF GEHEN:

- **Der Teig „geht" nicht.**

Ursache: **Kalte Zugluft oder zu heiße Flüssigkeiten!** Temperaturschwankungen lähmen die Aktivität der empfindlichen Hefe. Deshalb vor der Zubereitung darauf achten, dass alle Zutaten Zimmertemperatur haben und die Fenster in der Küche geschlossen sind. Der Teig braucht von Anfang an Wärme, damit er später nicht zusammenfällt.

Biskuitteig (Seiten 62-77)

Biskuitteig ist die Grundlage für feines Gebäck wie Torten, Biskuitrollen oder Petit Fours. Auch bei diesem Teig ist das gründliche Verrühren aller Zutaten sehr wichtig, denn für seine leichte Konsistenz braucht er viel Luft. Der eireiche, schaumige Biskuitteig ist eine locker aufgeschlagene Eier-Zucker-Masse, unter die Mehl kurz untergerührt wird.

DAS KANN SCHIEF GEHEN:

- **Der Biskuitteig hat Wölbungen.**

Ursache: **Die Zutaten wurden nicht richtig abgestimmt.** Bei den Mengen genau ans Rezept halten! Für Tortenböden gilt außerdem: Spingformrand nicht fetten, sonst rutscht der Teig während des Backens zur Mitte hin ab.

- **Der Biskuitteig ist zusammengefallen.**

Ursache: **Zu lange Wartezeiten bei der Zubereitung.** Biskuitteig muss zügig verarbeitet und gebacken werden. Auch zu langes Rühren kann bewirken, dass der Teig zusammenfällt.

- **Der Biskuitteig bleibt an der Backform kleben.**

Ursache: **Der Teig hat „geschwitzt".** Deshalb nach dem Backen den Biskuit stets sofort auf ein Kuchengitter geben und zügig weiterverarbeiten.

- **Die Biskuitrolle bricht.**

Ursache: **Der Teig wurde zu stark ausgebacken.** Bleibt er zu lange im Ofen, trocknet er aus. Für eine Garprobe die flache Hand auf den Teig legen. Er muss sich weich und watteähnlich anfühlen.

TORTEN FÜLLEN:

Der gebackene Biskuitboden kann mit einem großen Messer in mehrere Schichten geteilt werden. Das geht übrigens auch mit einem Zwirnfaden, der um den Kuchenrand gelegt wird. Dafür die Enden des Fadens über Kreuz legen und kräftig

zusammenziehen, damit er das Gebäck durchschneidet.

Zum Füllen der Torte die Schichten in einen Tortenring legen und die Creme (oder Marmelade etc.) draufgeben. Nach jeder Füllung eine neue Teigschicht aufstapeln. Damit die dünnen Biskuitschichten beim Anheben nicht brechen, am besten mit Backpapier oder einem Teller arbeiten.

Wird die Torte mit Sahne oder Tortenguss verkleidet, den Tortenring abnehmen und den Überzug vorsichtig mit einer Palette auf der Torte verstreichen.

BISKUITROLLEN FÜLLEN:

Die gebackene Teigplatte vorsichtig vom Blech lösen. Nicht auskühlen lassen, sonst bricht der Teig beim Rollen!

Sofort mit vorbereiteter Füllung bestreichen und vorsichtig einrollen. Wer mag, kann dafür ein Küchentuch zu Hilfe nehmen. Unter die Teigplatte legen und den Teig durch leichtes Anheben damit einrollen.

Mürbeteig (Seiten 78-97)

Mürbeteig ist einfach und schnell zuzubereiten. Man nennt ihn auch Knetteig, weil er mit der Hand geknetet wird. Im Gegensatz zu anderen Teigsorten mag es der Mürbeteig gern kühl. Die Zutaten sollten deshalb nicht zu warm sein, sonst wird der Teig klebrig und weich. Mit Mürbeteig lassen sich Klassiker wie Plätzchen und Obsttorten zaubern.

DAS KANN SCHIEF GEHEN:

- **Der Mürbeteig ist zu weich und lässt sich nicht formen.**

Ursache: **Die Zutaten oder Ihre Hände waren zu warm.** Legen Sie den Teig in Frischhaltefolie gewickelt eine halbe Stunde in den Kühlschrank. Wenn das Kühlen nicht hilft, enthält der Teig wahrscheinlich zu viel Flüssigkeit. Dann einfach etwas Mehl unterkneten.

- **Der Mürbeteig bricht und ist bröckelig.**

Ursache: **Es fehlt Flüssigkeit.** Dafür eine Mulde in die Teigkugel drücken und etwas Milch reingießen. Milch mit einer Gabel in den Teig einarbeiten.

- **Der Obsttortenboden ist aufgeweicht.**

Ursache: **Saftiges Obst gibt Flüssigkeit ab.** Eine Schicht mit gemahlenen Nüssen, Zwiebackbröseln, Sahne, Frischkäse oder Pudding auf den gebackenen Tortenboden geben, ehe Sie das Obst auflegen.

Quark-Öl-Teig (Seiten 100/101)

Mit diesem schnellen Teig zaubert man saftiges Gebäck. Man kann ihn wie Hefeteig einsetzen, z. B. für Blechkuchen. Quark-Öl-Teig schmeckt frisch aus dem Ofen am besten.

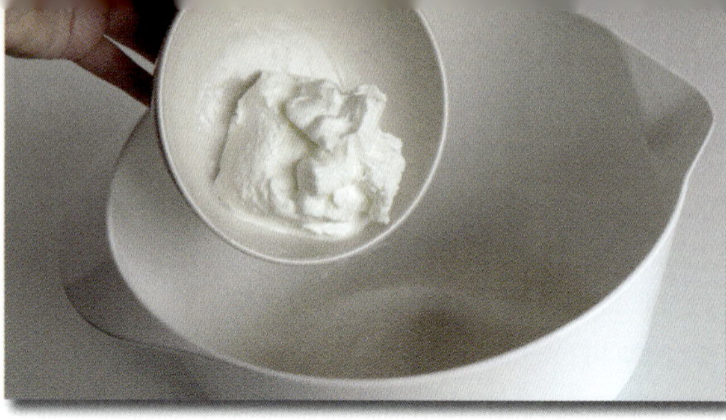

DAS KANN SCHIEF GEHEN:

- **Der Quark-Öl-Teig ist zu weich.**

Ursache: **Der verwendete Quark war zu wässrig.** Den Quark immer gut abtropfen lassen und gegebenenfalls mit einem sauberen Küchentuch trocken pressen.

Strudelteig (Seiten 102-105)

Die Zutaten für diesen Teig sind übersichtlich: Mehl, Wasser und Fett. Der unscheinbare Teig gewinnt durch mächtige Füllungen, wie z. B. beim klassischen Apfelstrudel. Damit er hauchdünn ausgezogen werden kann, muss er besonders geschmeidig sein.

DAS KANN SCHIEF GEHEN:

- **Löcher in den Teig gerissen.**

Ursache: **So was kann bei diesem dünnen Teig leicht passieren.** Dafür einfach die Teigränder übereinanderziehen und die Löcher wieder andrücken. Generell zügig arbeiten: Der dünne Teig trocknet schnell aus und wird spröde.

- **Füllung quillt beim Backen heraus.**

Ursache: **Die Naht ist aufgegangen. Den gefüllten Strudel immer mit der Nahtseite auf das Backblech legen.** So kann keine Füllung austreten.

Blätterteig (Seiten 106-111)

Dieser Teig ist aufwendiger und komplizierter herzustellen. Man braucht Zeit und Geschick. Damit er gelingt, ist Kühle wichtig – im Raum und bei den Zutaten.

Tipp: Wem die Zubereitung zu schwierig ist, der kauft fertigen Blätterteig aus dem Kühlregal.

Brandteig (Seiten 112-117)

Dieser Teig nennt sich Brandteig oder Brühteig, da ein Teil der Zutaten schon vor dem Backen gekocht wird, und zwar im Topf. Aus der „abgebrannten" Masse – so die Fachbezeichnung – lassen sich dann Köstlichkeiten wie Windbeutel oder Spritzkuchen herstellen. Brandteig ist übrigens nur frisch ein Genuss. Er lässt sich nicht lagern.

DAS KANN SCHIEF GEHEN:

- **Der Teig ist angebrannt.**

Ursache: **Nicht aufgepasst.** Den Topf sofort vom Herd nehmen, wenn sich der Teig zu einem Kloß geformt hat und am Boden eine weiße Haut zu sehen ist.

- **Der Teig geht nicht auf.**

Ursache: **Die Backtemperatur ist zu niedrig.** Sie sollte bei 220 bis 230 Grad liegen. Aber Vorsicht: Ist die Temperatur zu hoch, geht der Teig zwar schön auf, reißt aber auch schnell an der Oberfläche ein.

- **Das Gebäck ist zusammengefallen.**

Ursache: **Der empfindliche Teig hat während des Backens Zugluft abbekommen.** Deshalb während der ersten Hälfte der Backzeit auf keinen Fall den Ofen öffnen.

Eischneegebäck (Seiten 118-123)

Der „Grundteig" besteht lediglich aus Eiweiß und (Puder-) Zucker. Diese beiden Zutaten werden zu sogenanntem Eischnee geschlagen. Umso frischeres Eiweiß man dafür verwendet, umso besser lässt es sich steif schlagen. Eischnee darf nie zu lange stehen, sonst wird er schnell wieder flüssig. Aus reinem Eischnee kann man köstliches Gebäck zaubern – und zwar Baiser (Seite 122). Es wird im Ofen bei niedriger Hitze mehr getrocknet als gebacken. Kommen andere Zutaten zum Eischnee hinzu, diese nur vorsichtig unterheben, niemals verrühren. Vor allem wenn die Zutaten fetthaltig sind. Sonst fällt die zarte Masse in sich zusammen.

DAS KANN SCHIEF GEHEN:

- **Das Eiweiß lässt sich nicht richtig steif schlagen.**

Ursache: **Beim Trennen der Eier ist Fett zum Eiweiß geraten.** Zum Steifschlagen von Eiweiß müssen Schüssel und Besen absolut fettfrei sein. Kleine Spuren von Fett (dazu gehört auch das Eigelb) verhindern, dass die Masse steif wird. Sie hat die richtige Konsistenz, wenn ein Messerschnitt sichtbar bleibt (siehe Foto). Das geschlagene Eiweiß dann nicht zu lange stehen lassen, es fällt sonst ein und lässt sich nicht mehr aufschlagen.

BEIM BACKEN UNBEDINGT DARAUF ACHTEN!

Wird der Kuchen im Ofen noch vor Ende der Backzeit zu dunkel, einfach mit etwas Alufolie abdecken. Gegebenenfalls Temperatur überprüfen und runterschalten.

Sandkuchen

Sandkuchen oder abgeriebener Kuchen ist der Back-Einsteigertipp. Denn der feinporige und trockene Kuchen gehört zu den einfachsten und dennoch feinsten Kuchenrezepten. Es kann unendlich variiert werden. Zum Beispiel mit Kakaopulver. Mischt man das unter eine Teighälfte, wird ein Marmorkuchen draus. Oder man zaubert mit viel Schokoguss, Smarties und Kerzen einen Kindergeburtstagskuchen. Das Geheimnis für einen besonders lockeren Sandkuchen: Auch wenn es auf den ersten Blick unnötig erscheint, unbedingt das Mehl sieben!

ZUTATEN

(für 12 Stück)

125 g Weizenmehl
200 g Zucker
125 g Zartbitterschokolade
1 Päckchen Vanillinzucker
½ gestrichener TL Backpulver
125 g Speisestärke
1 Fläschchen Rum-Aroma
250 g Butter
1 Prise Salz
4 Eier

Kastenform (25 x 11 cm)

Zubereitungszeit: ca. 105 Minuten

1
Die Butter in einem Topf zerlassen, in eine Rührschüssel kippen und kalt stellen.

2
Wenn die Butter wieder fest ist, diese mit dem Handmixer mit Rührbesen eine halbe Minute geschmeidig rühren.

3
Nach und nach Zucker, Vanillinzucker, Salz und Rum-Aroma unterrühren.

4
Nacheinander die vier Eier dazugeben, dabei jedes Ei einzeln mindestens 30 Sekunden unterrühren.

5
Jetzt Weizenmehl, Speisestärke und Backpulver mischen, sieben und Esslöffel für Esslöffel auf mittlerer Mixerstufe unterrühren.

6
Eine Kastenform mit Butter oder Margarine fetten, den Teig in die Kastenform füllen.

7
Die Kastenform auf dem mittleren Rost/Backblech in den Ofen schieben und bei 150 Grad circa 60 bis 70 Minuten backen.

8
Für den Guss Schokolade brechen, in einem kleinen Topf im Wasserbad zum Schmelzen bringen und den erkalteten Kuchen damit überziehen.

Marmorkuchen

Der Liebling unter den trockenen Kuchen: Ob zum Frühstück, beim Kaffeekränzchen, als Pausensnack oder beim Kindergeburtstag – der zweifarbige Kuchen sorgt bei Jung und Alt für Begeisterung. Wie man den Kuchen besonders saftig hinbekommt? Mit ein wenig Milch oder besser noch einem Schuss Mineralwasser. Auch Schokoladenraspel lockern den Teig auf. In Alufolie eingewickelt bleibt der Kuchen besonders lange lecker.

ZUTATEN

(für 16 Stück)

375 g Mehl	6 EL Milch
295 g Zucker	5 Eier
1 Päckchen Vanillinzucker	Puderzucker zum Bestäuben
4 gestrichene TL Backpulver	
1 Prise Salz	Gugelhupfform
20 g Kakaopulver	
300 g weiche Margarine (Zimmertemperatur)	**Zubereitungszeit:** ca. 80 Minuten

Den Backofen bei Ober- und Unterhitze auf 1[illegible] Grad vorheizen. Die Gugelhupfform fetten, Mehl hineingeben und verteilen. (Herrichten)

Die weiche Margarine in eine Schüssel geben, mit dem Mixer glatt rühren.

Nach und nach 275 Gramm Zucker, Vanillinzucker und Salz hinzufügen, dann jedes Ei einzeln eine halbe Minute auf höchster Stufe unterrühren.

Mehl und Backpulver mischen, alles sieben und in die Schüssel geben. Drei Esslöffel Milch zugeben. Alles auf mittlerer Stufe mit dem Mixer vermengen.

Den Teig halbieren und die Hälfte in die gefettete und bemehlte Gugelhupfform geben. Die andere Hälfte in der Schüssel lassen.

Kakaopulver durch ein Sieb streichen und mit 20 Gramm Zucker und drei Esslöffel Milch unter den restlichen Teig rühren.

Den dunklen Teig in die Form geben, auf dem hellen Teig verteilen. Mit einer Gabel spiralförmig durch die Teigschichten gehen.

Die Kuchenform auf den Rost geben, in den Backofen schieben und etwa eine Stunde backen. Vor dem Servieren mit Puderzucker bestäuben.

Königskuchen

Im Königskuchen, auch Dreikönigskuchen genannt, wurde ursprünglich eine Bohne versteckt. Wer die Bohne fand, wurde Bohnenkönig und durfte einen Hofstaat ernennen. Traditionell zu Ehren der Heiligen Drei Könige am 6. Januar wird das Festtagsgebäck vor allem in der Schweiz, den Niederlanden, Spanien, Frankreich und England gebacken. Viele essen ihn allerdings gern ganzjährig – auch als süßes Frühstück oder als leckeren Zwischensnack.

ZUTATEN

(für 12 Stück)

50 g kandierte Kirschen (Belegkirschen)	200 g weiche Butter
	2 EL Milch
350 g Weizenmehl	3 Eier
175 g Zucker	
150 g Rosinen	Kastenform (25 x 11 cm)
1 Päckchen Vanillinzucker	Fett und Mehl für die Form
3 gestrichene TL Backpulver	
50 g Zitronat	**Zubereitungszeit:**
½ Röhrchen Rum-Aroma	ca. 90 Minuten
1 Prise Salz	

1

Backofen auf 160 Grad vorheizen. Die kandierten Kirschen und das Zitronat fein würfeln. Die Kastenform fetten und leicht mit Mehl bestäuben.

2

Die Butter in einer Rührschüssel mit einem Handmixer mit Rührbesen auf mittlerer Stufe geschmeidig rühren.

3

Nach und nach Zucker, Vanillinzucker, Rum-Aroma und Salz unter Rühren hinzufügen, bis eine gebundene Masse entsteht.

4

Jedes Ei etwa eine halbe Minute auf höchster Stufe unterrühren.

5

Mehl mit Backpulver mischen und abwechselnd mit der Milch in zwei Portionen kurz auf mittlerer Stufe untermixen.

6

Zuletzt die Rosinen, das Zitronat und die Belegkirschen vorsichtig mit einem Teigheber unterheben.

7

Den Teig in die Kastenform füllen und glatt streichen, im unteren Drittel des Ofens 65 Minuten backen.

8

Den fertigen Kuchen zehn Minuten in der Form stehen lassen, dann aus der Form nehmen und auf einem Kuchenrost erkalten lassen.

Honigkuchen

Weil der süße, braune Brotkuchen zur Hälfte aus reinem Honig besteht, war er früher eines der wertvollsten Backwerke. Im Honigkuchen stecken traditionelle Weihnachtsgewürze, sodass er dem Lebkuchen sehr ähnlich ist. Für das Lebkuchengewürz gibt es ein strenges Mischungsverhältnis: 45 Prozent der Würzmischung bestehen aus Zimt, jeweils 20 Prozent sind Anis und Piment, zehn Prozent Nelken sowie fünf Prozent Koriander und Ingwer. Nach dem Backen wird der Kuchen oft glasiert oder mit einer Schokoladenkuvertüre bedeckt.

ZUTATEN

(für ca. 40 Stück)

375 g Weizenmehl
125 g Zucker
200 g Honig
100 g abgezogene und gemahlene Mandeln
100 g fein gewürfeltes Zitronat
1 Päckchen Lebkuchengewürz
75 g weiche Butter
2 Eier
evtl. Puderzucker für Zuckerglasur/Kuvertüre

Backblech

Zubereitungszeit: ca. 35 Minuten (+ eine Nacht Kühlzeit)

1

Den Honig in einem Stieltopf leicht erwärmen.

2

Alle anderen Zutaten in eine Rührschüssel geben und mit einem Handmixer mit Knethaken verrühren.

3

Den Honig zur Teigmasse geben und zu einem glatten Teig verrühren.

4

Den Teig mit einem Küchenhandtuch abdecken und über Nacht im Kühlschrank ruhen lassen.

5

Am nächsten Tag den Teig noch einmal mit dem Mixer kräftig durchrühren.

6

Den Teig leicht mit Mehl bestäuben und auf einem gefetteten Blackblech ausrollen. Wenn der Teig klebt, Frischhaltefolie auf den Teig legen.

7

Honigkuchen im nicht vorgeheizten Backofen bei 160 Grad 20 Minuten backen.

8

Nach dem Backen den Kuchen in längliche Stücke oder Rauten schneiden. Je nach Geschmack mit Zuckerglasur oder Schokoladenkuvertüre bestreichen.

Sachertorte

Der österreichische Diplomat Fürst Metternich bestellte 1832 für seine Gäste ein Dessert in der Hofküche und verlangte etwas Besonderes. Der Chefkonditor war krank, deshalb musste der Lehrling Franz Sacher (1816–1907) ran – er erfand die Schokoladentorte mit Konfitürefüllung. Sein Sohn Eduard übernahm das Rezept für die Hofkonditorei Demel. Seither gibt es Sachertorten mit ein oder zwei Schichten Konfitüre.

ZUTATEN

(für 12 Stück)

Für den Teig:	**Für den Guss:**
130 g Zucker	60 g Zucker
150 g Zartbitterschokolade	200 g Zartbitterschokolade
1 Päckchen Vanillinzucker	
160 g Butter	**Zum Verzieren:**
6 Eiweiß	50 g Zartbitterschokolade
4 Eigelb	
100 g Semmelbrösel	Springform (24 cm ø)
	Spritzbeutel
Für die Füllung:	
125 g Aprikosenkonfitüre	**Zubereitungszeit:**
	ca. 95 Minuten

1

Für den Teig: die Schokolade mit einem Messer in grobe Stücke zerkleinern, dann im Wasserbad schmelzen und wieder abkühlen lassen.

2

Eiweiß steif schlagen. Die Butter in einer Schüssel mit dem Handmixer cremig rühren, Zucker und Vanillinzucker nach und nach dazugeben.

3

Dann die vier Eigelb auf höchster Stufe unterrühren. Die geschmolzene Schokolade und die Semmelbrösel unterrühren. Am Ende den Eischnee unterheben.

4

Die Springform fetten und den Boden mit Backpapier auslegen, dann den Ring festziehen. Den Backofen auf 175 Grad vorheizen.

5

Den Teig in die vorbereitete Springform füllen und etwa 50 Minuten backen. Danach den Tortenboden aus der Form lösen und abkühlen lassen.

6

Den kalten Boden waagerecht in der Mitte durchschneiden. Für die Füllung: unteren Boden mit Aprikosenkonfitüre bestreichen, den oberen auflegen.

7

Für den Guss: Zucker mit Wasser (circa sieben Esslöffel) aufkochen. Topf von der Kochstelle nehmen. Schokolade nach und nach einrühren, bis der Guss glänzt.

8

Den Guss in die Mitte der Torte gießen und mit einer Palette verteilen. Schokolade schmelzen und mit Spritzbeutel die Stücke mit „Sacher“ verzieren.

Frankfurter Kranz

Ein unbekannt gebliebener Zuckerbäcker kreierte diese bekannte Frankfurter Backspezialität im Jahre 1735. Angeblich sollen Form und Verzierung des süßen Backwerks mit seiner goldigen Krokanthülle und der Garnitur mit kandierten Kirschen eine Krone symbolisieren. Übrigens: Frankfurter Kranz lässt sich gut vorbereiten, da man ihn schon einen Tag vorher backen kann. In Alufolie gewickelt hält er sich frisch und lässt sich sogar besser durchschneiden.

ZUTATEN

(für 12 Stück)

Für den Teig:	**Für die Füllung:**
150 g Weizenmehl	1 Päckchen Vanille-puddingpulver
150 g Zucker	
1 Päckchen Vanillinzucker	100 g Zucker
2 gestrichene TL Backpulver	500 ml Milch
50 g Speisestärke	250 g weiche Butter
½ Röhrchen Rum-Aroma	3 EL Erdbeerkonfitüre
1 Prise Salz	
3 Eier	**Für die Dekoration:**
100 g weiche Butter	Rote Belegkirschen
Für den Krokant:	Eingefettete Kranzform
60 g Zucker	(22 cm ø)
125 g gehackte Mandeln	Spritzbeutel mit Sterntülle
10 g Butter	
	Vorbereitungszeit:
	ca. 80 Minuten

1

Backofen vorheizen (180 Grad). Für den Teig Butter mit Mixer geschmeidig rühren. Nach und nach Zucker, Vanillinzucker, Rum-Aroma und Salz hinzufügen.

2

Jedes Ei eine halbe Minute auf höchster Stufe unterrühren. Mehl mit Stärke und Backpulver mischen, in zwei Portionen kurz auf mittlerer Stufe unterrühren.

3

Teig in Kranzform füllen, glatt streichen. 40 Minuten backen, dann zehn Minuten stehen lassen. Auf einen Kuchenrost stürzen, erkalten lassen.

4

Für den Krokant: Butter, Zucker und Mandeln unter Rühren so lange erhitzen, bis der Krokant gebräunt ist. Auf einem Stück Alufolie erkalten lassen.

5

Für die Buttercreme: Pudding nach Packungsanleitung zubereiten, aber Zuckermenge auf insgesamt 100 Gramm aufstocken. Butter mit Mixer geschmeidig rühren und ...

6

... abgekühlten Pudding löffelweise unterheben. Konfitüre durchs Sieb streichen. Kranz zweimal waagerecht durchschneiden, den unteren Boden damit bestreichen.

7

Böden mit der Hälfte der Buttercreme bestreichen und aufeinandersetzen. Den Kranz mit Buttercreme bestreichen. Etwas Creme für die Verzierung aufheben.

8

Kranz mit Krokant bestreuen. Buttercreme in Spritzbeutel füllen, Kranz damit verzieren, mit Belegkirschen garnieren. Mindestens zwei Stunden kalt stellen.

Donauwellen

Es gibt keinen Beleg, der die „Donauwellen" mit dem Fluss Donau in Verbindung bringt. Aber warum man von Wellen spricht, erklärt sich fast von selbst: Der helle und dunkle Teig verbindet sich in Wellen. Und auch die Glasur gleicht mit ihrer wellenförmigen Struktur der Wasseroberfläche eines Flusses. Fünf Tage bleibt der beliebte Klassiker übrigens saftig – je mehr er gezogen hat, desto besser schmeckt er sogar.

ZUTATEN

(für ca. 20 Stück)

Für den Teig:
250 g Mehl
350 g Zucker
250 g Speisestärke
1 Päckchen Backpulver
3 EL Kakaopulver
350 g weiche Butter
75 ml Milch
8 Eier

Für den Belag:
1 Glas Sauerkirschen
50 g Zucker
1 Päckchen Vanillepuddingpulver
150 g Butter
500 ml Milch
300 g dunkle Schokoladenglasur

Backblech (40 x 30 cm)

Zubereitungszeit:
ca. 55 Minuten

1

Weiche Butter mit dem Mixer schaumig schlagen. Dann den Zucker dazugeben und so lange verrühren, bis er sich löst.

2

Anschließend Eier nach und nach dazugeben und auf höchster Stufe mit dem Mixer rühren, bis die Masse schaumig ist.

3

Das Mehl mit der Speisestärke und dem Backpulver vermischen. Portionsweise unter die Masse rühren, bis der Teig glatt ist.

4

Den Teig halbieren und auf zwei Schüsseln verteilen. Eine Teighälfte mit Kakaopulver und Milch mischen. Backofen auf 200 Grad vorheizen.

5

Die helle Teighälfte auf ein vorher gefettetes und bemehltes Blech streichen. Die abgetropften Sauerkirschen darauf verteilen.

6

Den dunklen Teig vorsichtig darübergeben und im Backofen bei 200 Grad für etwa 25 Minuten backen.

7

Den Pudding nach Anweisung kochen. Beim Abkühlen die Butter einrühren. Danach den Pudding auf den ausgekühlten Boden streichen. Eine Stunde kalt stellen.

8

Zum Schluss die Schokoglasur schmelzen, auf die fest gewordene Buttercreme streichen und mit einer Gabel ein Wellenmuster ziehen.

Kirsch-Nuss-Kuchen

Sommerzeit ist Kirschenzeit! Nur im Hochsommer gibt es die heimischen Lieblingsfrüchte bei uns zu kaufen. Oder zu pflücken. Süßkirschen reifen bereits im Juni, die sauren Vertreter der Kirschfamilie brauchen etwas länger und sind erst im Juli richtig reif. Kirschen schmecken am besten frisch gepflückt vom Baum (meist noch besser von Nachbars Baum) oder beim Kirschkern-Weitspucken. Es geht aber auch ein bisschen manierlicher: Dafür bettet man die roten Früchte in fluffigen Rührteig, verfeinert das Ganze mit gemahlenen Haselnüssen und Quark und genießt den Kuchen beim sonntäglichen Kaffeekränzchen.

ZUTATEN

(für ca. 20 Stück)

700 g Sauerkirschen (aus dem Glas)
200 g Mehl
350 g Zucker
125 g gemahlene Haselnüsse
100 g gehackte Haselnüsse
1 Päckchen Backpulver
60 g Speisestärke
1 Prise Salz
280 g weiche Butter
3 EL Milch
500 g Quark
7 Eier
Backblech

Zubereitungszeit: ca. 65 Minuten

1 250 Gramm der Butter mit dem Handmixer schaumig rühren. 150 Gramm Zucker und eine Prise Salz dazugeben. Nochmals verrühren.

2 Das Mehl mit dem Backpulver vermischen. Dann drei Eier und die halbe Menge Speisestärke dazugeben.

3 Die gemahlenen Nüsse und die Milch dazugeben und alles vermengen. Den Teig auf das gefettete Backblech streichen.

4 Vier Eigelb mit den restlichen 200 Gramm Zucker und der restlichen Butter schaumig rühren. Das Eiweiß getrennt zu Eischnee schlagen.

5 Dann die restliche Speisestärke, den Quark und die gehackten Haselnüsse unter die Eigelbmasse rühren. Zum Schluss den Eischnee unterheben.

6 Die schaumig geschlagene Quarkmasse gleichmäßig auf dem Backblech mit einem Teigschaber über den Teig streichen.

7 Die Kirschen waschen, entstielen und entkernen oder aus dem Glas holen und gut abtropfen lassen. Die Kirschen auf der Masse verteilen.

8 Den Blechkuchen im vorgeheizten Backofen bei 180 Grad Ober-/ Unterhitze circa 35 Minuten backen.

Rhabarberkuchen

Was Rhabarber so beliebt macht? Einerseits der erfrischende, pikant-säuerliche Geschmack und auf der anderen Seite der geringe Kalorien- und der hohe Vitamingehalt. So ist es nicht verwunderlich, dass der Genuss von Rhabarberkuchen auch bei Kalorienzählern kein schlechtes Gewissen verursacht. Der Vanillepudding mildert die Säure so weit ab, dass auch Freunde der etwas süßeren Kuchen ihre Freude an dem klassischen Obstkuchen haben werden.

ZUTATEN

(für ca. 20 Stück)

Für den Teig:	**Für den Guss:**
250 g Weizenmehl	80 g Zucker
250 g Zucker	2 Päckchen
2 gestrichene TL Backpulver	Vanillepuddingpulver
250 g Butter	700 ml Milch
(wahlweise Margarine)	3 Becher Crème fraîche
4 mittelgroße Eier	(wahlweise Schmant)
Für den Belag:	Backblech (40 x 30 cm)
750 g Rhabarber	
	Zubereitungszeit:
	ca. 65 Minuten

1

Den Rhabarber waschen und in zwei Zentimeter lange Stücke schneiden. Die Haut nicht abziehen, damit er beim Backen nicht zerfällt.

2

Den Backofen (Ober-/Unterhitze) auf 180 Grad vorheizen. Das Backblech fetten und mehlen.

3

In einer Schüssel die Butter cremig rühren und den Zucker dazugeben. Danach Eier, Mehl und Backpulver gut in den Teig unterrühren.

4

Den fertigen Teig in kleinen Portionen auf das Backblech geben. Anschließend gleichmäßig verteilen und glatt streichen.

5

Die Rhabarberstücke über den ganzen Teig verteilen. Den Kuchen 30 Minuten auf mittlerer Schiene im Ofen vorbacken.

6

Für den Guss 700 Milliliter Milch vorsichtig aufkochen lassen. Dann das Puddingpulver und den Zucker in die heiße Milch einrühren.

7

Zum Verfeinern des Gusses die Crème fraîche unter die noch warme Puddingmasse geben. Vorsicht: nicht anbrennen lassen!

8

Die Puddingmasse gleichmäßig auf den vorgebackenen Kuchen streichen und bei gleicher Temperatur 15 Minuten weiterbacken.

Waffeln

Waffeln gibt es in zahlreichen Variationen, die sich regional lediglich in der Form oder in feinen Geschmacksnuancen unterscheiden. Im Bergischen Land zum Beispiel sind die Bergischen Waffeln (Herzwaffeln) eine regionale Besonderheit – wohingegen die Zimtwaffeln im Saarland ein traditionell beliebtes Gebäck in der Weihnachtszeit sind. Egal welche Variante – Waffeln schmecken frisch immer am besten, noch warm mit Puderzucker bestreut oder mit Vanilleeis und heißen Kirschen.

ZUTATEN

(für 5 Stück)

Für den Teig:	Speiseöl zum Fetten
250 g Weizenmehl	Puderzucker
75 g Zucker	
1 Päckchen Vanillinzucker	Waffeleisen
1 gestrichener TL Backpulver	
2 EL flüssiger Honig	**Zubereitungszeit:**
1 Prise Salz	ca. 30 Minuten
125 g weiche Butter	
180 ml Buttermilch	
2 Eier	

1

Das Waffeleisen auf höchster Stufe vorheizen.

2

Für den Teig Butter in einer Rührschüssel mit einem Handrührgerät (Rührbesen) geschmeidig rühren.

3

Nach und nach Zucker, Vanillinzucker und Salz unter Rühren hinzufügen, bis eine gebundene Masse entsteht.

4

Die beiden Eier nacheinander für eine halbe Minute auf höchster Stufe unterrühren.

5

Mehl mit Backpulver mischen und abwechselnd mit der Buttermilch in zwei Portionen kurz auf mittlerer Stufe unterrühren. Dann den Honig dazugeben.

6

Das Waffeleisen auf mittlere Temperatur zurückschalten und mit Speiseöl einfetten.

7

Den Teig mithilfe eines Löffels in nicht zu großen Portionen in das Waffeleisen füllen, goldbraun backen.

8

Die Waffeln mit Puderzucker bestäuben, je nach Wunsch mit Kirschen, Vanilleeis und Sahne servieren.

Blaubeermuffins

Die süßen kleinen Küchlein haben ihren Ursprung in England. Dort sind Muffins aus Hefeteig und werden wie Brötchen belegt und gegessen. Die amerikanische Variante aus Rührteig ist allerdings bei uns bekannter. Neben den klassischen süßen Muffins gibt's auch winzige Minimuffins: herzhafte Exemplare mit Tomate und Mozzarella und sogar solche, die sich gut als Beilage, zum Beispiel zum Wildbraten, eignen. Der beliebte Blaubeermuffin ist übrigens seit 1988 offizieller „state muffin" von Minnesota, und New York hat 1987 den Applemuffin für sich beansprucht.

ZUTATEN

(für 12 Stück)

250 g Blaubeeren
350 g Mehl
150 g Zucker
½ TL Vanillinzucker
2 TL Backpulver
¼ TL Salz
130 g Butter
125 ml Milch
2 Eier

Muffinförmchen/-blech

Zubereitungszeit: ca. 35 Minuten

1

Den Backofen auf 190 Grad vorheizen. Währenddessen die Muffinförmchen buttern und mit Mehl bestäuben.

2

Die Butter in einem Topf zerlassen und mit einem Schneebesen den Zucker und den Vanillinzucker unterrühren.

3

Anschließend in die flüssige Butter zuerst vorsichtig die Eier und dann die Milch dazugeben und unterrühren.

4

Nach und nach das Mehl, das Backpulver und das Salz dazugeben und alle Zutaten gut miteinander vermischen.

5

Die Blaubeeren gründlich waschen. Eventuell von Stielen befreien. Danach mit einem Küchentuch trocken tupfen.

6

Jetzt die Blaubeeren mit einem Kochlöffel vorsichtig unter den Teig heben. Darauf achten, dass sie dabei nicht zerdrücken.

7

Den Muffinteig gleichmäßig mithilfe von zwei Esslöffeln auf die zwölf vorbereiteten Muffinförmchen verteilen.

8

Die Muffins circa 20 Minuten backen. Mit einem Holzstäbchen die Garprobe machen: Die Muffins sind fertig, wenn kein Teig mehr daran klebt.

Brownies

Mit dem „Coffee to go“ kam auch der Brownie. Die leckeren Schokoladenecken stehen auf den Theken der Kaffeeketten und lachen uns jeden Morgen an. Brownies stammen aus den USA und wurden 1897 erstmals in einem Warenhauskatalog veröffentlicht. Es heißt, sie seien aus einem „Küchenunfall“ entstanden – bei der Zubereitung wurde das Backpulver vergessen. Übrigens: Am leckersten sind Brownies, wenn sie innen noch so richtig klebrig sind.

ZUTATEN

(für 25 Stück)

Für den Teig:	**Für den Guss:**
150 g Weizenmehl	150 g Zartbitterschokolade
125 g brauner Zucker	50 g Crème fraîche
200 g Zartbitterschokolade	50 g gehackte Cashewkerne zum Bestreuen
1 Päckchen Bourbon-Vanillezucker	
1 gestrichener TL Backpulver	Backblech, Backpapier, Backrahmen (25 x 25 cm)
½ gestrichener TL Natron	
1 Röhrchen Rum-Aroma	
1 Messerspitze Salz	**Zubereitungszeit:**
125 g Butter	ca. 65 Minuten
3 Eier	
100 g Crème fraîche	

1

Backblech mit Backpapier belegen und einen gefetteten Backrahmen darauf stellen. Backofen auf circa 180 Grad vorheizen.

2

Für den Teig: Schokolade in grobe Stücke teilen. Mit Butter unter Rühren in einem kleinen Topf schmelzen. Masse in Rührschüssel geben, etwas abkühlen lassen.

3

Nach und nach Zucker, Bourbon-Vanillezucker, Salz und Rum-Aroma unter Rühren mit dem Handmixer hinzufügen, bis eine gebundene Masse entsteht.

4

Jedes Ei eine halbe Minute auf höchster Stufe unterrühren, danach Crème fraîche. Mehl mit Backpulver und Natron mischen, auf mittlerer Stufe kurz unterrühren.

5

Den Teig in den Backrahmen einfüllen, glatt streichen und auf mittlerer Schiene 25 Minuten backen.

6

Das Backblech mit den Brownies auf einem Kuchenrost erkalten lassen, den Backrahmen lösen und entfernen.

7

Für den Guss: Die Schokolade grob zerkleinern, im Wasserbad bei schwacher Hitze schmelzen, etwas abkühlen lassen, Crème fraîche unterrühren.

8

Glasur auf dem Gebäck verteilen, mit Cashewkernen bestreuen. Vor dem Servieren in etwa fünf mal fünf Zentimeter große Quadrate schneiden.

Amerikaner

ZUTATEN

(für 12 Stück)

Für den Teig:	Für den Guss:
250 g Weizenmehl	200 g Puderzucker
100 g Zucker	1 EL Hagelzucker
1 Päckchen Vanillinzucker	1 EL gehackte Mandeln
3 gestrichene TL Backpulver	1 EL gehackte Pistazien
5 Tropfen Butter-Vanille-Aroma (aus Röhrchen)	1 EL Kokosraspel
	3 EL Zitronensaft
1 Prise Salz	150 g Zartbitterschokolade
75 g weiche Butter	1 EL Speiseöl
100 ml Milch	
2 EL Milch zum Bestreichen	Backblech/Backpapier
2 Eier	
	Zubereitungszeit:
	ca. 1 Stunde

Das perfekte Gebäck für einen Kindergeburtstag. Denn die Sandbrötchen lassen sich besonders gut mit Schokolinsen, Gummibärchen oder bunten Streuseln verzieren. Das etwa handtellergroße, kegelförmige Gebäckstück aus Weizenmehl gibt's aber auch mit Schokoladenguss oder mit Schwarz-Weiß-Bemalung. Als „Black and White Cookies" kamen sie während der 1950er-Jahre aus den USA nach Deutschland. Die Deutschen vereinfachten den schwierigen Namen zu „Amerikanern".

1 Für den Teig: Butter in einer Rührschüssel mit einem Handrührgerät (Rührbesen) geschmeidig rühren.

2 Nach und nach Zucker, Vanillinzucker, Butter-Vanille-Aroma und Salz unter Rühren hinzufügen, bis eine gebundene Masse entsteht.

3 Jedes Ei eine halbe Minute kräftig unterrühren. Mehl mit Backpulver mischen, abwechselnd mit Milch in zwei Portionen auf mittlerer Stufe unterrühren.

4 Teig in zwölf Portionen teilen. Mit zwei Esslöffeln sechs Teigportionen mit Abstand auf ein Backpapier geben. Mit einem feuchten Messer nachformen.

5 Auf dem Blech auf mittlerer Schiene bei 180 Grad 15 Minuten backen, dann Teigoberfläche mit Milch bestreichen. Weitere fünf Minuten backen.

6 Die Amerikaner mit dem Backpapier auf einen Kuchenrost ziehen und erkalten lassen. Jetzt die anderen sechs Portionen genauso backen.

7 Für den Guss: Puderzucker sieben, mit Zitronensaft oder Wasser verrühren. Schokolade grob zerkleinern, mit Speiseöl im Wasserbad bei schwacher Hitze schmelzen.

8 Die erkalteten Amerikaner auf der Unterseite mit dem Guss bestreichen. Nach Belieben mit Mandeln, Pistazien, Hagelzucker und Kokosraspeln bestreuen.

Hefezopf

Ein Hefezopf oder Striezel, so die Bezeichnung in Bayern und Österreich, ist ein besonders kunstvoll geformter Kuchen aus einem gesüßten, meist fetthaltigen Hefeteig. In mehrere Teigstränge gerollt, wird daraus ein Zopf geflochten. Der kann auch zu einem Kranz geschlossen werden. In Oberfranken ist der Hefezopf in runder Form das traditionelle Ostergebäck. Patenkinder bekommen einen runden, in weißes Tuch eingeschlagenen Hefezopf (genannt Eierring). In der Mitte liegen dann zwölf gefärbte Ostereier, eins für jeden Monat des Jahres.

ZUTATEN

(für ca. 16 Scheiben)

500 g Weizenmehl
80 g Zucker
1 Päckchen Trockenhefe
1 Päckchen Vanillinzucker
1 Päckchen geriebene Zitronenschale
1 Prise Salz
250 g Schlagsahne
2 Eier, 1 Eiweiß

Zum Bestreichen:
1 Eigelb und 1 EL Milch

Backblech

Zubereitungszeit: ca. 105 Minuten

1

Sahne in einem kleinen Stieltopf erwärmen. Mehl und Hefe in einer Rührschüssel sorgfältig vermischen, erwärmte Sahne und die übrigen Zutaten dazugeben.

2

Alles mit einem Mixer (Knethaken) kurz auf niedrigster, dann auf höchster Stufe fünf Minuten zu einem glatten Teig verarbeiten.

3

Teig abdecken und circa 30 Minuten an einem warmen Ort gehen lassen. Backblech einfetten und den Ofen auf circa 180 Grad vorheizen.

4

Teig mit Mehl bestäuben, auf einer bemehlten Arbeitsfläche kurz durchkneten. Aus zwei Dritteln des Teiges drei 40 Zentimeter lange Rollen formen.

5

Die Rollen zu einem Zopf flechten und auf das Backblech legen. Mit einer Teigrolle der Länge nach eine Vertiefung in den geflochtenen Teigstrang drücken.

6

Eigelb mit der Milch verschlagen und die Vertiefung damit etwas bestreichen. Von dem übrigen Teig drei 35 Zentimeter lange Rollen formen, daraus einen Zopf flechten.

7

Den kleinen Zopf auf den größeren legen, mit Eigelbmilch bestreichen.

8

Den Zopf nochmals an einem warmen Ort etwa 20 Minuten gehen lassen, bis er sich sichtbar vergrößert hat. Im Backofen circa 35 Minuten backen.

Gugelhupf

Der Gugelhupf wird regional auch als Napf-, Topf-oder Rodonkuchen bezeichnet. Das Geheimnis dieses Kuchens liegt in seiner Form. Durch den Trichter wird der Kuchen von innen nach außen gebacken. Nur so gelingt es ohne viel Zeitaufwand, einen so hohen Kuchen zu backen. Rezepte für Gugelhupf und Napfkuchen existieren bereits seit dem 17. Jahrhundert.

ZUTATEN

(für 12 Stück)

375 g Weizenmehl	150 g weiche Butter
125 g Zucker	200 g Schlagsahne
100 g nicht abgezogene,	Puderzucker
ganze Mandeln	3 Eier
25 g gehackte Pistazienkerne	
150 g Rosinen	Gugelhupfform (22 cm ø)
1 Päckchen Vanillinzucker	
1 Päckchen Trockenhefe	**Zubereitungszeit:**
1 Päckchen geriebene	ca. 160 Minuten
Zitronenschale	

Die Mandeln auf einem Brett oder auf der Arbeitsplatte mit einem Messer grob hacken.

1

Die Gugelhupfform fetten und leicht mit Mehl bestäuben.

2

Mehl in einer Rührschüssel sorgfältig mit Trockenhefe vermischen. Zucker, Vanillinzucker, Zitronenschale, Eier, Butter und Sahne hinzugeben.

3

Alles mit dem Handmixer zu einem glatten Teig verkneten und an einem warmen Ort abgedeckt etwa 45 Minuten gehen lassen.

4

Rosinen, Mandeln und Pistazien unterkneten und noch einmal 15 Minuten abgedeckt gehen lassen.

5

Den Teig in die Gugelhupfform füllen und glatt streichen, noch einmal zehn Minuten stehen lassen. Backofen auf 170 Grad vorheizen.

6

Den Kuchen im unteren Drittel des Backofens 60 bis 70 Minuten backen.

7

Nach dem Backen den Kuchen zehn Minuten in der Form stehen lassen, dann auf Kuchenrost stürzen, erkalten lassen und mit Puderzucker bestäuben.

8

Butterkuchen

Regional gibt es verschiedene Variationen des saftigen Klassikers, mal wird er mit einer Zimt-Zucker-Mischung bestreut und mal mit gerösteten Mandelblättchen. Eins hat jede Variante jedoch gemein: Vor dem Backen werden Butterflocken in kleine Mulden auf dem ausgerollten Teig gegeben. Das gibt zum einen den typischen Geschmack und zum anderen die charakteristischen Kuhlen auf dem Kuchen.

ZUTATEN

(für ca. 20 Stück)

Für den Teig:	**Für den Belag:**
500 g Mehl	100 g Zucker
125 g Zucker	60 g Butter
1 Päckchen Vanillinzucker	Milch zum Bestreichen
1 Würfel frische Hefe	
1 Prise Salz	Backblech
1 EL Butter	
250 ml lauwarme Milch	**Zubereitungszeit:**
1 Ei	ca. 85 Minuten

1

Mehl und Zucker in eine Schüssel geben. Mit einem Backlöffel eine Mulde formen und die Hefe dort hineinbröseln. Vier Esslöffel warme Milch auf die Hefe gießen …

2

… und verrühren. Schüssel mit Küchentuch zudecken. Teig an einem warmen Ort (Heizung/ Backofen bei 30 Grad) circa zehn Minuten gehen lassen.

3

Anschließend Ei, Vanillinzucker, Butter, Salz und restliche Milch dazugeben, alles mit den Knethaken des Mixers verarbeiten, bis sich der Teig vollständig vom Rand löst.

4

Den Teig ein weiteres Mal 30 Minuten gehen lassen. Dazu wieder mit einem Küchentuch abdecken.

5

Danach den Teig auf einer mit Mehl bestreuten Arbeitsfläche so lange kneten, bis er sich leicht formen lässt. Backofen auf 170 Grad vorheizen.

6

Den Teig am besten mit einem Nudelholz auf dem gefetteten Backblech ausrollen und andrücken. Am Rand darf er etwas dicker sein.

7

Mit dem Finger in geraden Reihen etwa ein Zentimeter tiefe Mulden in den Teig drücken. In die Mulden gibt man nun je eine gute Messerspitze weiche Butter.

8

Dann den Teig mit Milch bestreichen und mit Zucker bestreuen, sodass er vollständig bedeckt ist. 20 Minuten im vorgeheizten Ofen backen.

Mohnkuchen

Der heute weltbekannte Kuchen stammt traditionell aus der polnischen und der schlesischen Küche. Aber schon seit Langem gibt es auch unzählige Varianten in Deutschland und Österreich: mit Streuseln oder ohne, aus Mürbe- oder Hefeteig, als Kranz- oder Blechkuchen. In diesem Rezept verwenden wir für die Zubereitung einen Hefeteig. Bei Bäckern wird Mohn meist frisch in einer „Quetsche" gemahlen. Zu Hause greift man auf abgepackten Speisemohn zurück.

ZUTATEN

(für ca. 20 Stück)

Für den Teig:
375 g Weizenmehl
75 g Zucker
1 Päckchen Trockenhefe
1 Päckchen Vanillinzucker
1 Prise Salz
75 g Butter
200 ml Milch

Für den Belag:
200 g Zucker
100 g gehackte Mandeln
250 g gemahlener Mohn
125 g Grieß
1 Päckchen Bourbon-Vanillezucker
1 Päckchen geriebene Zitronenschale
1 l Milch
3 Eiweiß, 2 Eigelb
Puderzucker zum Bestäuben

Backblech mit hohem Rand

Zubereitungszeit:
ca. 140-150 Minuten

1

Milch in einem Stieltopf erwärmen und darin die Butter zerlassen. Mehl mit Hefe in einer Rührschüssel vermischen, die übrigen Zutaten und die „Milchbutter“ dazugeben.

2

Teigmischung mit Mixer (Knethaken) 30 Sekunden auf niedrigster, dann auf höchster Stufe fünf Minuten zu einem glatten Teig verkneten.

3

Teig zugedeckt etwa 45 Minuten gehen lassen. Backblech fetten, Teig darauf gleichmäßig ausrollen.

4

Für den Mohnbelag das Eiweiß so lange mit dem Mixer in einer Schüssel steif schlagen, bis ein Messerschnitt sichtbar bleibt.

5

Milch in einem Kochtopf aufkochen, vom Herd nehmen. Erst Grieß, Mohn, Zucker und Vanillinzucker unterrühren, dann Eigelb und die übrigen Zutaten.

6

Masse auf höchster Herdstufe aufkochen, etwa eine Minute köcheln lassen, vom Herd nehmen, kurz abkühlen lassen und Eischnee unterheben.

7

Backofen auf 180 Grad vorheizen. Mohnmasse auf den Teig streichen und den Kuchen nochmals etwa 15 Minuten gehen lassen. Im Ofen 35 bis 40 Minuten backen.

8

Mohnkuchen auf dem Backblech etwa 20 Minuten abkühlen lassen, Kuchen in Stücke schneiden, vor dem Servieren mit Puderzucker bestäuben.

Bienenstich

Der stachlige Name der Leckerei hat laut einer Legende seinen Ursprung in Andernach am Rhein. Dort kletterten im Jahr 1474 zwei Bäckerlehrlinge auf die Stadtmauer, um Honig aus den Bienenkörben der Nachtwächter zu stibitzen. Dabei sahen sie bewaffnete Angreifer aus Linz auf die Stadt zukommen und warfen zur Abwehr die Bienenkörbe auf sie. Zur Feier des Tages wünschten sich die beiden Helden einen Kuchen – und der heißt nach dem Ereignis „Bienenstich".

ZUTATEN

(für ca. 20 Stück)

Für den Teig:
500 g Mehl
60 g Zucker
1 Päckchen Trockenhefe
1 Prise Salz
50 g Butter
250 ml Milch
2 Eier

Für den Belag:
100 g Zucker
300 g gehackte oder gehobelte Mandeln
150 g Butter
250 g Sahne

Für die Vanillecreme:
1 Päckchen Vanillepuddingpulver
1 Vanilleschote
500 ml Milch

Backblech

Zubereitungszeit:
ca. 105 Minuten

1

Alle Zutaten für den Hefeteig vermengen und zu einem glatten Teig kneten. Diesen dann abgedeckt circa 30 Minuten an einem warmen Ort gehen lassen.

2

Für den Belag die Butter mit dem Zucker und der Sahne aufkochen. Dann die Mandeln dazugeben und fünf Minuten köcheln lassen.

3

Den aufgegangenen Hefeteig auf einem gefetteten und bemehlten Backblech ausrollen. In der Zwischenzeit den Backofen auf 180 Grad vorheizen.

4

Die Mandelmasse auf den Teig geben und das Ganze noch einmal 15 Minuten gehen lassen. Anschließend 30 Minuten backen.

5

Den Vanillepudding nach Packungsanweisung kochen und etwas abkühlen lassen. Tipp: Zum Verfeinern eine Vanilleschote mitkochen (wieder rausnehmen).

6

Den Kuchen aus dem Ofen nehmen, abkühlen lassen und anschließend mit einem Messer vorsichtig waagerecht halbieren.

7

Den abgekühlten Pudding gleichmäßig auf der unteren Kuchenhälfte verteilen. Mit der anderen Kuchenhälfte abdecken.

8

Vor dem Servieren den erkalteten Bienenstich mit einem scharfen Messer in Stücke teilen.

Pflaumenkuchen

Herbstzeit ist Pflaumenzeit.
Wenn die süßen Früchte fast von den Bäumen fallen, sind sie besonders aromatisch. Lecker schmecken sie vor allem in Kombination mit einem saftigen Hefeteig und braunem Rohrzucker – da werden Kindheitserinnerungen wach.
Die Hauszwetschge ist übrigens die beste Sorte zum Kuchenbacken, da ihr Fruchtfleisch besonders fest ist und nicht auseinanderfällt.

ZUTATEN

(für ca. 20 Stück)

Für den Teig:	**Für den Belag:**
375 g Mehl	1 ½ kg Pflaumen
50 g Zucker	etwas Rohrzucker
1 Päckchen Vanillinzucker	
1 Päckchen Trockenhefe	Backblech
1 Prise Salz	
50 g Butter	**Zubereitungszeit:**
200 ml Milch	ca. 100 Minuten
1 Ei	

1

Das Mehl sieben und in eine große Rührschüssel geben. Trockenhefe dazugeben und beide Zutaten sorgfältig vermischen.

2

In einem kleinen Topf die Milch erwärmen (nicht kochen!) und danach darin die Butter zerlassen.

3

Warme Milch-Butter-Mischung, Zucker, Vanillinzucker, Ei und eine Prise Salz zur Mehlmischung geben.

4

Alle Zutaten dann mit den Knethaken eines Handmixers auf höchster Stufe fünf Minuten zu einem glatten Teig verrühren.

5

Den Teig zugedeckt (mit einem Geschirrhandtuch) eine halbe Stunde an einem warmen Ort (z. B. im Ofen bei 30 Grad) gehen lassen.

6

Das Backblech einfetten, den Teig bemehlen und auf dem Blech mit den Händen verteilen.

7

Die Pflaumen waschen, aufschneiden und entkernen. Aufgeklappt auf dem Teigboden verteilen (Innenseite nach oben). Den Backofen auf 200 Grad vorheizen.

8

Über die Pflaumen Rohrzucker streuen und den Teig noch einmal 15 Minuten gehen lassen, im Backofen 25 Minuten fertig backen.

Christstollen

Christstollen – er gehört zur Weihnachtszeit wie der Adventskranz, der Duft von Bratäpfeln und der Klang von Kirchenglocken. Der wohl bekannteste kommt aus Dresden – der leckerste aber aus dem eigenen Backofen. Sie können den Stollen selbst formen oder in einer Stollenbackform backen.
Damit sich das Aroma richtig entfaltet, das Gebäck einige Tage an einem kühlen Ort ruhen lassen. Dazu am besten in Alufolie einwickeln.

ZUTATEN

(für ca. 30 Stück)

500 g Weizenmehl	250 g Butter
75 g Zucker	125 ml Milch
50 g gemahlene Mandeln	
125 g Rosinen	Mehl für die Arbeitsfläche
125 g Korinthen	70 g Butter
Schale einer	zum Bestreichen
unbehandelten Orange	70 g Puderzucker
1 Würfel frische Hefe	zum Bestäuben
50 g gewürfeltes Zitronat	
50 g gewürfeltes Orangeat	Backblech
1 TL gemahlener Kardamom	
1 TL gemahlener Zimt	**Zubereitungszeit:**
3 EL Rum	ca. 3 Stunden
1 Prise Salz	

1

Rosinen und Korinthen drei Stunden in Rum legen. Milch erwärmen, Hefe zerbröckelt mit einem Teelöffel Zucker zur Milch geben. 15 Minuten gehen lassen.

2

Butter zerlassen und abkühlen lassen. Das Mehl in eine Schüssel sieben. Butter mit dem Hefeansatz, dem Zucker und Salz zum Mehl geben.

3

Die restlichen Zutaten – wie Mandeln, Zitronat, Orangeat, Orangenschale, Kardamom, Zimt – zum Mehl geben.

4

Mit den Knethaken des Mixers die Masse auf höchster Stufe durchkneten. Den Teig an einem warmen Ort 45 Minuten gehen lassen.

5

Mehl auf die Arbeitsfläche geben. Den Teig darauf glatt kneten. Rosinen und Korinthen dazugeben. Den Teig halbieren.

6

Jede Hälfte zu einer 30 Zentimeter langen Rolle formen, in der Mitte verdünnen. Dann die Teighälften übereinanderschlagen.

7

Den Stollen 30 Minuten gehen lassen, dann auf dem Backblech bei 170 Grad eine Stunde auf der zweiten Schiene von unten backen.

8

Butter zerlassen und den heißen Stollen bestreichen, mit Puderzucker bestäuben, nach dem Abkühlen wiederholen.

Stutenkerl

ZUTATEN

(für 4 Stück)

Für den Teig:	Außerdem:
500 g Weizenmehl	Rosinen
75 g Zucker	2 EL Milch
1 Päckchen Trockenhefe	1 Eigelb
1 gestrichener TL Salz	
100 g Butter	Backblech/Backpapier
150 ml Milch	4 Gips- oder Tonpfeifen und eine Stutenkerlschablone
1 Ei	
1 Eiweiß	**Zubereitungszeit:**
	ca. 90-105 Minuten

Der Name Stutenkerl oder Weckmann bezeichnet die Teigart und Form des Gebäcks: ein Männlein aus Weizenmehlteig, Zucker, Fett und Hefe (Stuten) oder aus Mehl, Salz, Hefe und Wasser (Wecken). Für das Männlein gibt es je nach Region unterschiedliche Namen, wie Stutenkerl (Niedersachsen, Westfalen), Kiepenkerl (Ostwestfalen) oder Weckmann im westlichen Ruhrgebiet und Rheinland. Für das typische Adventsgebäck wird meist ein gesüßter Hefeteig (Stuten) verwendet.

1

Milch in einem kleinen Topf erwärmen, Butter langsam darin zerlassen. Backofen auf 180 Grad vorheizen, Backblech mit Backpapier auslegen.

2

Mehl mit Trockenhefe, dann mit restlichen Zutaten vermischen. Mit Mixer (Knethaken) erst langsam, dann auf höchster Stufe fünf Minuten zu einem glatten Teig verarbeiten.

3

Den Teig in der Schüssel abdecken und an einem warmen Ort circa 30 Minuten gehen lassen. Der Teig sollte sich sichtbar vergrößert haben.

4

Teig auf einer bemehlten Arbeitsfläche nochmals kurz durchkneten, einen Zentimeter dick ausrollen und mithilfe der Schablone Stutenkerle ausschneiden.

5

Die Stutenkerle auf das Backblech legen und Rosinen als Augen eindrücken.

6

Aus den Teigresten Nase, Knöpfe, Hut etc. formen und an den Stutenkerl ansetzen.

7

Milch mit Eigelb verschlagen, Stutenkerle damit bestreichen, je eine von den Tonpfeifen in die Stutenkerle drücken.

8

Abgedeckt nochmals 20 Minuten gehen lassen, dann im vorgeheizten Backofen 15 bis 20 Minuten backen.

Berliner Pfannkuchen

Das traditionelle Gebäck zu Silvester, Karneval, Fastnacht und Fasching ist heute das ganze Jahr über erhältlich. Angeblich erfand es 1756 ein Feldbäcker unter Friedrich dem Großen. Er schuf Pfannkuchen in runder Ballenform, die wie Kanonenkugeln aussehen sollten. Weil er keinen Backofen zur Verfügung hatte, backte er die Teigkugeln in mit heißem Fett gefüllten Pfannen aus. Die Berliner Pfannkuchen waren geboren.

ZUTATEN

(für 16 Stück)

Für den Teig:	**Für die Füllung:**
500 g Weizenmehl	300 g Konfitüre oder 250 g
30 g Zucker	Pflaumenmus/-gelee
1 Päckchen Vanillinzucker	
1 Päckchen Trockenhefe	ca. 750-1500 g Ausbackfett,
3 Tropfen Rum-Aroma (aus dem Röhrchen)	z. B. Palmin (je nach Topfgröße)
1 gestrichener TL Salz	Zucker zum Bestreuen
100 g Butter	
125 ml Milch	Spritzbeutel/Tortenspritze
2 Eier	(Lochtülle 5 mm ø)
1 Eigelb	
	Zubereitungszeit:
	ca. 100 Minuten

1. Milch in einem kleinen Topf erwärmen und die Butter darin zerlassen. Achtung: nicht kochen lassen!

2. Für den Teig Mehl mit Hefe in einer Rührschüssel sorgfältig vermischen. Zucker, Vanillinzucker, Rum-Aroma, Salz, Eier und Eigelb dazugeben.

3. Warme Milch-Butter-Mischung hinzufügen, mit Mixer (Knethaken) kurz auf niedrigster, dann auf höchster Stufe circa fünf Minuten zu einem glatten Teig verarbeiten.

4. Teig zugedeckt an einem warmen Ort etwa 30 Minuten gehen lassen.

5. Teig leicht mit Mehl bestäuben, auf der Arbeitsfläche nochmals kurz durchkneten. Teig in 16 Stücke teilen. Zu Bällchen rollen, der Teig darf keine Risse haben.

6. Teigbällchen zwischen zwei mit Mehl bestäubten Tüchern nochmals etwa 20 Minuten gehen lassen. Ausbackfett in Topf oder Fritteuse erhitzen.

7. Teigbällchen portionsweise ins siedende Ausbackfett geben, beidseitig goldbraun backen, mit Schaumlöffel herausnehmen, auf Küchenpapier abtropfen lassen ...

8. ... und direkt in Zucker wenden. Abkühlen lassen. Konfitüre durchs Sieb streichen, in Spritzbeutel füllen, seitlich etwas Füllung in die Berliner spritzen.

Donuts

Ein Donut (englisch: dough, „Teig“, und nut, „Nuss“) wird wegen seiner Form auch schon mal Schraubenmutter genannt. Das süße Gebäck ist ein handtellergroßer amerikanischer Krapfen – ein bisschen wie ein Berliner mit Loch. Allerdings kommt der US-Donut in weit mehr Variationen daher: in verschiedenen Teigen, mit leckeren Glasuren von Schokolade über Erdbeer- bis Ahornsirup, mit Creme- oder Marmeladenfüllungen. In Donut-Ketten gibt es bis zu 25 verschiedene Sorten zur Auswahl. In Europa waren Donuts lange Zeit relativ unbekannt. In den letzten Jahren sind sie hingegen immer öfter anzutreffen. In den USA sind sie fest in der Alltagskultur, zum Beispiel als Frühstücksgebäck, verankert.

ZUTATEN

(für 12 Stück)

375 g Weizenmehl
40 g Zucker
1 Päckchen Trockenhefe
1 Prise Salz
60 g Butter
150 ml Milch
1 Ei

ca. 750-1500 g Ausbackfett,
z. B. Palmin (je nach Topfgröße)
Puderzucker zum Bestäuben

Zubereitungszeit: ca. 90 Minuten

1 Die Milch in einem kleinen Stieltopf erwärmen und darin die Butter langsam zerlassen.

2 Mehl mit Hefe in einer Rührschüssel vermischen, Zucker, Salz, Ei sowie Milch-Butter-Gemisch dazugeben.

3 Alles mit einem Handrührgerät eine halbe Minute auf niedrigster Stufe verrühren, dann auf höchster Stufe fünf Minuten zu einem glatten Teig verarbeiten.

4 Teig zugedeckt an einem warmen Ort etwa 30 Minuten gehen lassen.

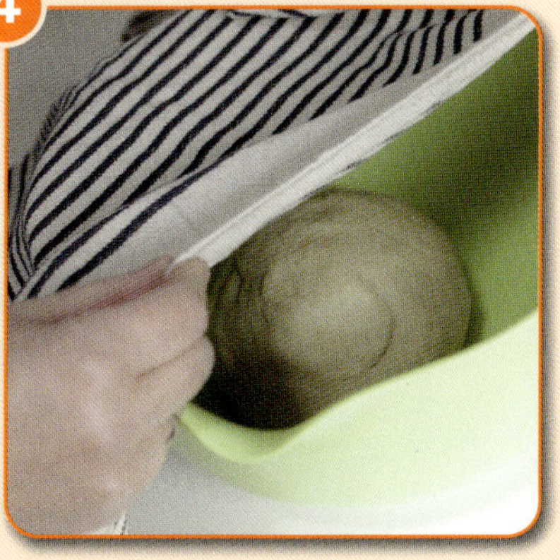

5 Teig leicht mit Mehl bestäuben, aus der Schüssel nehmen, auf der bemehlten Arbeitsfläche kurz durchkneten und einen Zentimeter dick ausrollen.

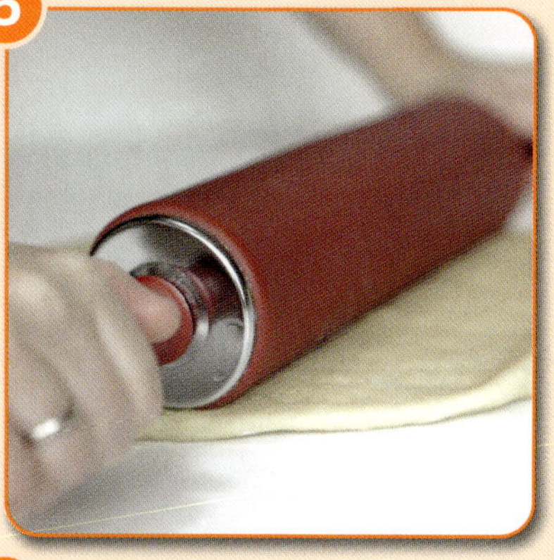

6 Kreise mit acht Zentimetern, in der Mitte mit zwei Zentimetern Durchmesser ausstechen. Zugedeckt zwischen zwei bemehlten Tüchern etwa 20 Minuten gehen lassen.

7 Ausbackfett in einem Topf auf circa 180 Grad erhitzen. Ringe portionsweise im Ausbackfett auf beiden Seiten backen, mit einem Schaumlöffel herausnehmen.

8 Die Donuts auf Küchenpapier gut abtropfen lassen, noch warm mit Puderzucker bestäuben und servieren.

Englische Muffins

Muffins waren in England bereits im 10. Jahrhundert bekannt, der Name Muffin wurde aber erst im 18. Jahrhundert geprägt. Da wurde das Gebäck auf der Straße von sogenannten „Muffin Men" verkauft. Frisch getoastet und mit Marmelade bestrichen, wurden sie zum Frühstück oder zum Tee gereicht. Englische Auswanderer brachten sie schließlich nach Amerika. Dort wurde Mitte des 19. Jahrhunderts die Hefe durch Natron und das gerade erst entdeckte Backpulver ersetzt. (Das Rezept des amerikanischen Muffins finden Sie auf Seite 30.)

ZUTATEN

(für 8 Stück)

500 g Mehl
1 TL Zucker
10 g Trockenhefe
10 g Backmalz
1 TL Salz
55 g Butter
250 ml Milch

Backblech

Zubereitungszeit: ca. 105 Minuten

1

Mehl, Backmalz und das Salz in einer Rührschüssel mit einem Mixer mischen.

2

Butter in einem kleinen Topf schmelzen, zur Seite stellen. Milch in einem Stieltopf erwärmen und mit der zerlassenen Butter vermischen.

3

Die Hefe in einem Schälchen mit dem Zucker mischen, mit einem guten Schuss der warmen Milch-Butter-Mischung verrühren, dann kurz stehen lassen.

4

Die Hefemischung und die Milch-Butter-Mischung zum Mehl geben und zu einem elastischen Teig verarbeiten.

5

Den Teig abdecken und für etwa 30 Minuten an einem warmen Ort gehen lassen. Teig nochmals durchkneten, zu einer dickeren Rolle formen.

6

Acht Teile von je drei Zentimetern abmessen, Rolle mit einem scharfen Messer zerteilen. Backofen auf 200 Grad vorheizen.

7

Teigstücke auf ein mit Backpapier ausgelegtes Backblech legen, mit Frischhaltefolie abdecken. Für 30 bis 40 Minuten an einem warmen Ort gehen lassen.

8

Frischhaltefolie abnehmen und die aufgegangenen Muffins 15 Minuten backen, bis sie eine leicht goldene Farbe haben.

Rosinenbrot

ZUTATEN

(für 1 Brot/ca. 16 Scheiben)

750 g Mehl
50 g Zucker
150 g Rosinen
1 Würfel frische Hefe
1 TL Salz
100 g Butter
250 ml lauwarme Milch
3 Eier

Kastenform (ca. 35 cm)

Zubereitungszeit:
ca. 125-135 Minuten

Rosinenbrot, norddeutsch Rosinenstuten, ist eine schöne Abwechslung für den Frühstückstisch. Auch frisch getoastet mit ein bisschen Butter schmeckt das Brot herrlich süß und saftig – ganz ohne Marmelade. Damit es auch lecker fruchtig wird, sollte der Teig auf 100 Teile Mehl mindestens 30 Teile Rosinen, Sultaninen oder Korinthen enthalten. Rosinenbrot kann als runder Brotlaib oder im Kasten gebacken werden. Zum Auskühlen das fertige Brot auf ein Kuchen- oder Backgitter setzen. Noch warm mit Hagelzucker bestreuen und auskühlen lassen.

1

Das Mehl in eine Schüssel sieben, mit dem Salz mischen und in die Mitte eine Mulde drücken. Butter in einem Topf zerlassen und abkühlen lassen.

2

Den Zucker in die Mehlmulde geben, Hefe hineinbröckeln, mit etwas Mehl vom Rand vermischen. Mit einem Achtelliter lauwarmer Milch zu einem Brei verrühren.

3

Die Schüssel in einen Plastikbeutel schieben, mit einem Tuch bedecken und an einem warmen Ort circa 15 Minuten gehen lassen.

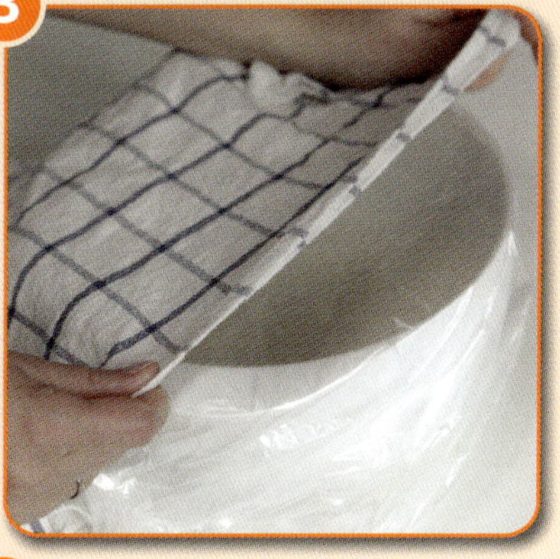

4

Mit etwas Mehl bestreuen, die restliche Milch, Eier und die flüssige, abgekühlte Butter zugeben. Alles zu einem glatten, nicht mehr klebenden Teig verkneten.

5

Den Hefeteig zu einem Ball formen und anschließend zugedeckt an einem warmen Ort circa 30 Minuten gehen lassen, bis sich sein Volumen verdoppelt hat.

6

Die Rosinen dazugeben und unterkneten. Den Teig zu einem länglichen Brot formen. Backofen auf 180 Grad vorheizen.

7

Den Teig in eine gefettete Kastenform legen und nochmals zugedeckt an einem warmen Ort circa 30 bis 40 Minuten gehen lassen.

8

Im Backofen circa 45 Minuten backen. Abkühlen lassen und dann aus der Form stürzen. Tipp: Wenn das Brot beim Backen zu braun wird, mit Alufolie abdecken.

Bauernbrot

Mit einem Grundrezept für ein einfaches Bauernbrot sind sie perfekt ausgerüstet, um unendlich viele Brotvarianten zu backen. Probieren Sie zum Beispiel verschiedene Mehltypen, vom hellen Weißbrot mit Weizenmehl Type 550 bis hin zum reinen Vollkornbrot. Dabei können alle Mehltypen beliebig untereinander gemischt werden. Oder backen Sie das Brot mit weiteren Zutaten, zum Beispiel mit geraspeltem Gemüse, Nüssen oder Röstzwiebeln. Für eine schönere Kruste den Laib während der Ruhezeit mit Buttermilch, Joghurt oder Kaffee einstreichen. Tipp: Sie können den Brotteig in Form kleinerer, etwa handtellergroßer Portionen auch als Brötchen backen.

ZUTATEN

(für 1 Brot/ca. 20 Scheiben)

1 kg Weizenmehl (Type 1050)
1 EL Salz
½ Würfel frische Hefe oder
1 Beutel (10 g) Trockenhefe
Etwas Buttermilch

2 Backbleche

Zubereitungszeit: ca. 105-155 Minuten

1 Die Hefe in 600 Milliliter warmem Wasser auflösen. Mit Mehl und Salz in einer Schüssel mit dem Mixer (Rührhaken) zu einem glatten Teig verkneten.

2 Die Schüssel mit einem Küchentuch abdecken und den Teig darin circa 20 Minuten an einem warmen Ort gehen lassen.

3 Den Teig nochmals kurz auf einer gemehlten Arbeitsplatte durchkneten und zu einem Laib formen.

4 Laib auf ein gefettetes Backblech geben und den Teig so lange ruhen lassen, bis er sein Volumen verdoppelt hat (etwa 30 bis 60 Minuten).

5 Für eine schöne Kruste den Laib während der Ruhezeit mit Buttermilch einstreichen, die Oberfläche nicht austrocknen lassen.

6 Ein Backblech auf den Boden des Backofens legen und den Backofen auf 250 Grad vorheizen.

7 Den Laib in den Backofen geben und etwas kochendes Wasser in das Backblech auf dem Boden des Ofens schütten (erzeugt schnell Wasserdampf im Ofen).

8 Den Backofen auf 220 Grad herunterschalten und das Brot je nach gewünschtem Bräunungsgrad 40 bis 60 Minuten backen. Vor Verzehr etwas auskühlen lassen.

Käsesahnetorte

Eine Käsesahnetorte ist der Star jedes Kaffeekränzchens. Gut gekühlt, kommt die lockere Sonntagstorte bei Jung und Alt gleichermaßen gut an. Das Beste: Eine Käsesahnetorte lässt sich herrlich variieren, beispielsweise mit Beeren, Mandarinen oder Orangen im Sommer oder mit Rosinen und Zimtaroma im Winter. Die Zubereitung ist zwar etwas aufwendig, dafür lassen sich aber die Tortenböden bereits zwei Tage vorher zubereiten.

ZUTATEN

(für 12 Stück)

Für den Teig:	250 ml Milch
50 g Mehl	500 g Schlagsahne
70 g Zucker	500 g Magerquark
1 Päckchen Vanillinzucker	4 Eigelb
1 TL Backpulver	2 EL Puderzucker
50 g Speisestärke	zum Bestäuben
3 Eier	
Für die Käsesahne:	Springform (26 cm ø)
200 g Zucker	Tortenring
8 Blätter Gelatine	
1 Prise Salz	**Zubereitungszeit:**
1 Päckchen	ca. 5 Stunden
geriebene Zitronenschale	

1

Für den Teig: Eier trennen. Eiweiß und drei Esslöffel kaltes Wasser mit Mixer steif schlagen. Zucker und Vanillinzucker dabei einrieseln lassen.

2

Drei Eigelb unterrühren. Mehl, Stärke und Backpulver mischen, daraufsieben und unterheben.

3

Boden der Springform mit Backpapier auslegen. Biskuitmasse in der Form glatt verstreichen. Im Backofen bei 175 Grad 25 bis 30 Minuten backen.

4

Biskuit in der Form circa zehn Minuten abkühlen lassen. Herauslösen und auskühlen lassen. Für die Käsesahne: Gelatine in kaltem Wasser einweichen.

5

Sahne steif schlagen. Milch, Zucker, Salz, Zitronenschale und Eigelb unter Rühren erhitzen, aber nicht kochen lassen. Vom Herd nehmen.

6

Gelatine ausdrücken und darin auflösen. Quark glatt rühren. Eicreme unter den Quark rühren, Sahne unterheben.

7

Biskuit waagerecht halbieren. Um den unteren Boden einen Tortenring legen. Käsemasse darauf verteilen, glatt streichen.

8

Oberen Boden darauflegen, leicht andrücken. Torte mindestens vier Stunden kalt stellen. Torte mit Puderzucker bestäuben.

Buttercremetorte

Für eine richtige Buttercreme wird Butter mit „englischer Creme" aus Eigelb, Zucker und Milch unterzogen. Heute nimmt man häufig Schoko- oder Vanillepudding, weil die Zubereitung schneller geht und einfacher ist. Die ansonsten geschmacksneutrale Grundmasse lässt sich auch gut mit fein gemahlenen Nüssen, geschmolzener Schokolade, Kaffeepulver oder Weinbrand veredeln. Deutsche Konditoren verwenden Buttercreme erst seit Ende des 19. Jahrhunderts.

ZUTATEN

(für 12 Stück)

Für den Teig:	500 ml Milch
150 g Weizenmehl	250 g weiche Butter
150 g Zucker	3 EL Aprikosenmarmelade
1 Päckchen Vanillinzucker	50 g Schokoladenstreusel
2 gestrichene TL Backpulver	Schokoladendekor oder
50 g Speisestärke	Ähnliches zum Verzieren
4 Eier	
	Springform (26 cm ø)
Für die Buttercreme:	Tortenring
80 g Zucker	
1 Päckchen Schokoladen-	**Zubereitungszeit:**
puddingpulver	ca. 135 Minuten

1

Backofen vorheizen (180 Grad). Eier mit vier Esslöffel heißem Wasser mit dem Mixer fünf Minuten schaumig schlagen. Zucker und Vanillinzucker mischen ...

2

...und langsam unter Rühren einstreuen. Mehl mit Backpulver und Speisestärke mischen, sieben, eine halbe Minute auf niedrigster Stufe unterrühren.

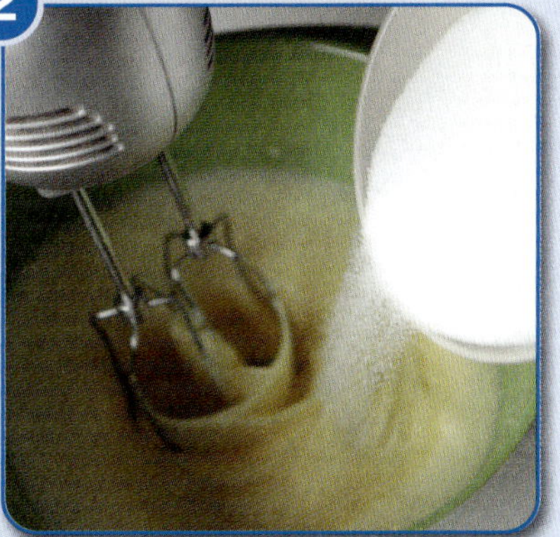

3

Springform fetten, mit Backpapier auslegen. Teig in Springform geben, glatt streichen. Form für etwa 30 Minuten in den Backofen (mittlere Schiene) schieben.

4

Tortenboden aus Form lösen, auf einen Kuchenrost (mit Backpapier) stürzen, erkalten lassen. Backpapier abziehen, Boden zweimal waagerecht durchschneiden.

5

Für die Buttercreme aus Puddingpulver, Zucker und Milch einen Pudding zubereiten. Den Pudding abkühlen lassen.

6

Butter mit Mixer geschmeidig rühren, den erkalteten Pudding esslöffelweise daruntergeben. Unteren Boden auf Tortenplatte legen, Tortenring umlegen.

7

Mit drei Esslöffel Marmelade und einem Drittel der Buttercreme bestreichen. Zweiten Boden darauflegen, mit der Hälfte der übrigen Creme bestreichen.

8

Mit drittem Boden bedecken. Rand und Oberfläche der Torte dünn mit restlicher Creme bestreichen, dann Rand mit Schokoladenstreuseln bestreuen.

Schwarzwälder Kirschtorte

Die typische Verzierung dieses Klassikers besteht aus Sahne, Kirschen sowie Schokoladenraspeln. In vielen Schwarzwalddörfern ist die traditionelle Mädchentracht schwarz wie die Schokostreusel, die Bluse weiß wie die Sahne und der „Bollenhut“ trägt rote Kugeln, an die die Kirschen erinnern sollen.

ZUTATEN

(für 12 Stück)

Für den Biskuitteig:	Für die Füllung:	Zum Verzieren:
80 g Weizenmehl	1 Glas Sauerkirschen	Schokoladenraspel oder
100 g Zucker	(Abtropfgewicht 350 g)	geschabte Schokolade
1 Päckchen Vanillinzucker	4 EL Zucker	
1 gestrichener TL Backpulver	40 g Puderzucker	Springform (26 cm ø)
25 g Speisestärke	1 Päckchen Vanillinzucker	Tortenring
10 g ungezuckerter Kakao	250 ml Kirschsaft	Tortenplatte
3 Eier	(aus dem Glas)	Spritzbeutel mit Sterntülle
	30 g Speisestärke	
Für den Mürbeteig:	3 EL Kirschwasser	**Zubereitungszeit:**
125 g Weizenmehl	1 Päckchen weiße,	ca. 95-100 Minuten
50 g Zucker	gemahlene Gelatine	
1 Messerspitze Backpulver	800 g kalte Schlagsahne	
1 Päckchen Vanillinzucker		
10 g ungezuckerter Kakao		
50 g weiche Butter		
1 Ei		

1

Boden der Springform fetten, mit Backpapier belegen, Backofen auf 180 Grad (Ober-/Unterhitze) vorheizen.

2

Für den Biskuitteig: Eier mit dem Mixer auf höchster Stufe eine Minute schaumig schlagen. Zucker mit Vanillinzucker mischen und langsam einstreuen.

3

Masse weitere zwei Minuten schlagen. Mehl, Backpulver, Speisestärke und Kakao mischen, sieben, kurz auf niedrigster Stufe unterrühren.

4

Teig in Form füllen. Im unteren Ofendrittel 25 Minuten backen. Aus der Form lösen und auf mit Backpapier belegten Kuchenrost stürzen. Erkalten lassen.

5

Für den Mürbeteig: Mehl, Kakao und Backpulver mischen. Übrige Zutaten hinzufügen. Mit Mixer (Knethaken) erst langsam, dann kräftig zu einem Teig verarbeiten.

6

Teig zu einer Kugel formen. Auf dem gefetteten Boden der Springform ausrollen, mehrmals mit einer Gabel einstechen. Springformrand darumlegen.

7

Teig im unteren Ofendrittel bei gleicher Temperatur für circa 15 Minuten backen. Mürbeteigboden vom Springformboden lösen, erkalten lassen.

8

Vom Biskuitboden das mitgebackene Backpapier vorsichtig abziehen. Biskuitboden waagerecht durchschneiden. Für die Füllung: Sauerkirschen abtropfen lassen …

Fortsetzung auf Seite 68 »

9

... und Saft dabei auffangen. 250 Milliliter abmessen. Zwölf Kirschen beiseitelegen. Speisestärke mit vier Esslöffel Zucker und vier Esslöffel Saft anrühren.

10

Abgemessenen Saft aufkochen, Topf vom Herd nehmen. Stärkemischung einrühren, aufkochen, Kirschen unterrühren, kalt stellen. Mit Kirschwasser abschmecken.

11

Gelatine mit fünf Esslöffel Wasser in einem kleinen Topf anrühren, fünf Minuten zum Quellen stehen lassen. Unter Rühren erwärmen, bis sie gelöst ist. Sahne fast steif schlagen.

12

Jetzt etwa zwei Esslöffel der Sahne mit der aufgelösten Gelatine verrühren, dann sofort die Gelatinemasse unter die Sahne schlagen, Sahne steif schlagen.

13

Puderzucker mit Vanillinzucker mischen und unterrühren. Mürbeteigboden auf eine Tortenplatte legen, mit Tortenring umlegen.

14

Kirschmasse daraufgeben, einen Zentimeter Rand lassen. Ein Drittel der Sahnecreme darauf streichen. Unteren Biskuitboden darauflegen, leicht andrücken.

15

Mit der Hälfte der übrigen Creme bestreichen. Oberen Boden auflegen. Zum Verzieren drei Esslöffel der Sahnecreme in den Spritzbeutel füllen und beiseitelegen.

16

Tortenring abnehmen, Tortenoberfläche und -rand mit übriger Creme einstreichen. Mit Creme, Schokolade und Kirschen verzieren. Kalt stellen.

Erdbeertorte

Der klassische Sommerobstkuchen: frische Erdbeeren auf lockerem Biskuitteig und dazu ein Klecks leckerer Schlagsahne – eine herrlich aromatische Kombination. Auch die Variante mit Mürbeteig ist beliebt. Übrigens isst jeder Deutsche im Schnitt rund 2,3 Kilogramm Erdbeeren im Jahr. Da sich Erdbeeren nur bedingt konservieren lassen, servieren Sie den fruchtigen Klassiker am Besten frisch. Tipp: Wer wenig Zeit hat, kann den Boden schon fertig im Supermarkt oder beim Bäcker kaufen.

ZUTATEN

(für 12 Stück)

Für den Teig:	1 Päckchen roter Tortenguss
200 g Mehl	1 Päckchen
200 g Zucker	Vanillepuddingpulver
1 Päckchen Vanillinzucker	500 ml + 2 EL Milch
1 ½ gestrichener TL	
Backpulver	Tortenbodenform (28 cm ø)
4 Eier	
	Zubereitungszeit:
Für den Belag:	ca. 35 Minuten
750 g Erdbeeren	
5 EL Zucker	

1

Für den Teig Eier mit Zucker und Vanillinzucker in eine Schüssel geben und schaumig schlagen, bis die Masse Blasen wirft.

2

Das Mehl sieben, mit dem Backpulver mischen und vorsichtig mit einem Schneebesen unter die Eiermasse heben.

3

Backofen auf 175 Grad Ober- und Unterhitze vorheizen. Eine Tortenbodenform von 28 cm Durchmesser einfetten.

4

Den Teig in die Form geben, glatt streichen. Auf mittlerer Schiene circa zwölf Minuten backen. Der Boden sollte goldgelb sein.

5

Die Milch aufkochen. Puddingpulver in einer Tasse mit zwei Esslöffel kalter Milch und drei Esslöffel Zucker anrühren und in die kochende Mich geben.

6

Den fertigen Pudding auf dem gebackenen Tortenboden verteilen, etwas abkühlen lassen. Erdbeeren waschen, putzen und in Hälften schneiden.

7

Erdbeeren auf dem Tortenboden verteilen. Den Tortenguss nach Packungsanleitung mit zwei Esslöffel Zucker kochen. Tipp: Dafür statt Wasser Erdbeersaft verwenden.

8

Den Tortenguss vorsichtig über die Erdbeeren geben und auskühlen lassen.

Erdbeer-Biskuitrolle

Weicher Biskuitteig eignet sich besonders gut für Torten und Rollen. Damit der luftige Teig nicht zusammenfällt, muss er sofort nach dem Zubereiten gebacken werden – und zwar im vorgeheizten Backofen. Die häufigste Panne beim Backen von Biskuit ist das Bröckeln und Brechen des Teigs. Das liegt meist daran, dass er länger als nötig im Ofen war. Ob das Gebäck gar ist, prüft man am besten durch Handauflegen. Es sollte sich nicht mehr feucht, dafür aber weich und watteähnlich anfühlen.

ZUTATEN

(für 12 Stück)

Für den Teig:	**Für die Füllung:**
100 g Mehl	375 g Erdbeerkonfitüre
75 g Zucker	50 g Puderzucker
1 Päckchen Vanillinzucker	zum Bestreuen
1 TL Backpulver	
5 Eier	Backblech (40 x 30 cm)
1 Eigelb	
	Zubereitungszeit:
	ca. 45 Minuten

Backblech einfetten und mit Backpapier auslegen. Backpapier an der Vorderseite des Blechs zu einem Rand falten.

1

Für den Teig:
Die Eier und das Eigelb in einer Rührschüssel mit einem Mixer auf höchster Stufe schaumig schlagen. Backofen auf 180 Grad vorheizen.

2

Zucker mit Vanillinzucker mischen, unter Rühren in die Schüssel geben. Die Masse mindestens vier bis fünf Minuten lang schlagen.

3

Das Mehl mit dem Backpulver vermischen und sieben. Dann mit einem Schneebesen vorsichtig unter die Masse rühren.

4

Den Teig auf das Backblech streichen. Das Blech in den vorgeheizten Backofen schieben und 15 Minuten backen.

5

Den Biskuit sofort nach dem Backen vom Rand lösen, falsch herum mit dem Backpapier nach oben auf die Arbeitsfläche stürzen.

6

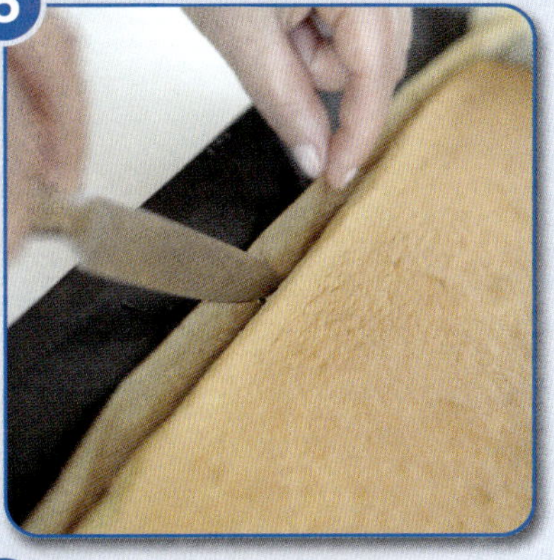

Erdbeerkonfitüre durch ein Sieb streichen. Das Gebäck von der Arbeitsfläche lösen und das Backpapier vorsichtig abziehen.

7

Biskuit gleichmäßig mit Erdbeerkonfitüre bestreichen. Dann den Biskuit aufrollen, kühl stellen und mit Puderzucker bestäuben.

8

Petit Fours

Glänzend und in kleinen Papierförmchen verpackt, sehen sie einfach zum Anbeißen aus. Petit Fours sind das klassische Kleingebäck der französischen Küche. Es gibt sie als frische Petits Fours (petits fours frais) mit Marzipan oder Creme gefüllt und mit Zucker glasiert. Oder als trockene Petits Fours (petits fours secs), unglasiert und meist aus Blätterteig oder zu Makronen geformt. Wörtlich übersetzt heißt Petit Four „kleiner Ofen".

ZUTATEN

(für ca. 40 Stück)

Für den Teig:
150 g Weizenmehl
80 g Zucker
100 g abgezogene, gemahlene Mandeln
100 g Marzipan-Rohmasse
1 Päckchen Vanillinzucker
1 gestrichener TL Backpulver
50 g zerlassene Butter
8 Eiweiß, 2 Eigelb

Für Füllung/Belag:
100 g Puderzucker
100 g Marzipan-Rohmasse
250 g Aprikosenmarmelade

Für den Guss:
400 g Puderzucker
2 EL Aprikosenlikör
30 g Schokolade
Zuckerperlen

2 Backbleche
Backpapier

Zubereitungszeit:
ca. 115-125 Minuten

1

Mandeln ohne Fett rösten. Eiweiß steif schlagen. Marzipan zerkleinern, mit Zucker, Vanillinzucker und zwei Eigelb auf höchster Stufe cremig rühren.

2

Eiweiß vorsichtig unterheben. Mehl mit Backpulver mischen, sieben. Mit Mandeln und zerlassener Butter vorsichtig unter die Masse heben. Bleche fetten und ...

3

... mit Backpapier auslegen. Rundum zu einem Rand hochknicken. Backofen auf 180 Grad vorheizen. Dann den Teig auf Bleche verteilen, jeweils zehn Minuten backen.

4

Danach Gebäckplatten vorsichtig stürzen, mitgebackenes Backpapier abziehen. Platten erkalten lassen und jeweils halbieren. Man erhält vier gleich große Platten.

5

Für die Füllung Marmelade durch ein Sieb drücken. Drei der vier Platten damit bestreichen und aufeinanderlegen. Die unbestrichene Platte als Deckel auflegen.

6

Puderzucker sieben, mit Marzipan verkneten. Zwischen Frischhaltefolie auf Teigplattengröße ausrollen und auf das Schichtwerk legen. Ränder glatt schneiden.

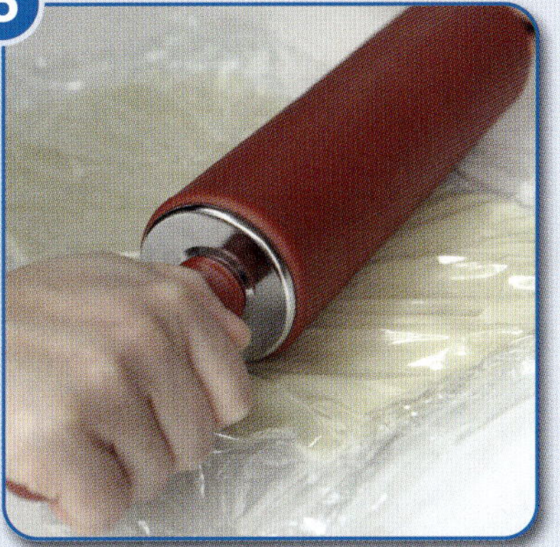

7

Gebäck in gleich große Würfel schneiden. Puderzucker sieben, mit fünf Esslöffel warmen Wasser und Likör zu cremigem Guss verrühren. Gebäckstücke damit überziehen.

8

Schokolade im Wasserbad bei schwacher Hitze schmelzen, mit einem Löffel über den erkalteten Zuckerguss sprenkeln. Gebäck mit Zuckerperlen garnieren.

Rüeblitorte

Eine Rüeblitorte ist eine Karotten- oder Möhrentorte. Und eine Tortenspezialität aus dem Aargau in der Schweiz. Üblicherweise wird die Torte mit kleinen Karotten aus gefärbtem Marzipan und gehackten Haselnüssen oder Mandeln um den Rand dekoriert. Die Rüeblitorte sollte vor dem Verzehr unbedingt einen Tag lang ruhen. Denn dann ist sie gut durchgezogen, kräftiger im Geschmack und angenehm saftig im Biss. Kühl gestellt hält sie sich dann mehrere Tage.

ZUTATEN

(für 12 Stück)

Für den Teig:	**Für die Form:**
450 g Möhren	etwas Fett
100 g Weizenmehl	2 EL gemahlene
200 g Zucker	Haselnusskerne
400 g gemahlene	
Haselnusskerne	Puderzucker
75 g Rum-Rosinen	gehackte Pistazienkerne
1 Päckchen Bourbon-	Marzinpanmöhren
Vanillezucker	zur Dekoration
1 gestrichener TL Backpulver	
1 Päckchen Zitronenschale	Rosettenform (26 cm ø)
1 Prise Salz	(alternativ: Springform)
3 EL Kirschwasser oder Rum	
7 Eiweiß	**Zubereitungszeit:**
7 Eigelb	ca. 85-90 Minuten

1

Die Möhren schälen und fein raspeln.

2

Die Rosettenform fetten und mit den gemahlenen Haselnusskernen ausstreuen. Backofen auf 180 Grad vorheizen.

3

Für den Teig Eiweiß steif schlagen, bis ein Messerschnitt sichtbar bleibt. Eigelb mit Mixer (Rührbesen) auf höchster Stufe eine Minute cremig schlagen.

4

Bourbon-Vanillezucker und Zucker mischen. Mit Zitronenschale und Salz unter Rühren eine Minute einstreuen und die Masse weitere zwei Minuten schlagen.

5

Die Haselnusskerne und Möhren unterrühren. Mehl mit Backpulver mischen und kurz auf niedrigster Stufe unterrühren.

6

Zuletzt Rum-Rosinen und Eischnee unterziehen und nach Geschmack Kirschwasser oder Rum dazugeben.

7

Den Teig in die Rosettenform füllen und glatt streichen. Die Form auf dem Rost für 60 Minuten in den vorgeheizten Backofen schieben.

8

Kuchen abkühlen lassen, aus der Form stürzen, mit Puderzucker bestäuben, mit gehackten Pistazien bestreuen und mit Marzipanmöhren garnieren.

Russischer Zupfkuchen

Russischer Zupfkuchen ist eigentlich ein aufgemotzter Käsekuchen. Der Boden und die Wände formen mit leckerem Schokoteig ein Becken. In dieses kommt die saftige Füllung aus einer frischen Quarkmischung. Das i-Tüpfelchen sind die groß gezupften Schokoteigstücke auf der Füllung, die dem Kuchen auch seinen Namen verleihen. So eine Leckerei hat natürlich ihren Preis: Der Russische Zupfkuchen ist wegen der großen Fettmenge zwar sehr saftig, aber leider auch sehr mächtig.

ZUTATEN

(für 12 Stück)

Für den Teig:	1 Päckchen Vanillepuddingpulver
200 g Mehl	200 g Butter
100 g Zucker	500 g Quark
1 Päckchen Backpulver	4 Eier
20 g Kakaopulver	
100 g weiche Butter	Springform (24 cm ø)
1 Ei	
Für die Füllung:	**Zubereitungszeit:**
250 g Zucker	ca. 85 Minuten
1 Päckchen Vanillinzucker	

1

Für den Teig: Die weiche Butter und den Zucker schaumig schlagen. Danach ein Ei dazugeben und mit einem Mixer verrühren.

2

Das Mehl mit dem Kakao und Backpulver vermischen und nach und nach durchs Sieb hinzugeben. Alles gut durchkneten.

3

Die Springform mit Butter oder Margarine einfetten. Danach mit einem Esslöffel Mehl gleichmäßig bestäuben.

4

Mit zwei Dritteln des Teiges den Boden der Springform auslegen, dabei den Rand drei Zentimeter hochziehen. Das andere Teigdrittel wegstellen.

5

Für die Füllung: Die Butter und den Zucker schaumig schlagen. Anschließend die vier Eier langsam hinzugeben.

6

Danach den Quark mit dem Vanillepuddingpulver und dem Vanillinzucker unterheben. Mit dem Schneebesen gut verrühren.

7

Backofen auf 180 Grad (Ober-/Unterhitze) vorheizen. Die Füllung in die Springform gießen.

8

Den weggestellten Teig in Stücke zupfen und auf der Füllung verteilen. Anschließend den Kuchen circa 60 Minuten backen.

Linzer Torte

Das überlieferte Rezept für die Linzer Torte stammt aus dem 17. Jahrhundert und ist damit das älteste Tortenrezept der Welt. Üblicherweise wird sie mit Mürbeteig zubereitet und mit Marmelade gefüllt. Da diese allerdings bereits vor dem Backen aufgetragen wird, hat die Linzer Torte mehr Ähnlichkeit mit einem Kuchen. Wahrscheinlich ist, dass die Linzer Torte ihre Ursprünge in der österreichischen Stadt Linz hat. Andere Quellen benennen einen Wiener Konditor namens Linzer.

ZUTATEN

(für 12 Stück)

Für den Teig:	**Für den Belag:**
250 g Mehl	150 g Himbeerkonfitüre
125 g Zucker	1 TL Milch
100 g gemahlene, nicht abgezogene Mandeln	1 Eigelb
1 Päckchen Vanillinzucker	Springform (28 cm ø)
1 gestrichener TL Backpulver	
1 gestrichener TL Zimt	**Zubereitungszeit:**
1 Messerspitze gemahlene Nelken	ca. 90 Minuten
125 g Butter	
1 Ei	
1 Eiweiß	

1

Mehl mit Backpulver mischen, in eine Rührschüssel sieben. Übrige Zutaten dazugeben, mit Knethaken (Mixer) verrühren.

2

Mit den Händen den Teig zu einer Kugel formen und in Frischhaltefolie einwickeln. Teig 30 Minuten in den Kühlschrank legen.

3

Die Hälfte des Teigs ausrollen und an Form und Größe der Springform anpassen.

4

Aus dem ausgerollten Teig mit einem Teigrädchen circa 20 gleichmäßig breite Streifen ausschneiden.

5

Den restlichen Teig ausrollen und damit den Boden der gefetteten Springform auslegen und die Ränder festdrücken.

6

Für den Belag den Teigboden mit Konfitüre bestreichen. Am Rand etwa einen Zentimeter aussparen.

7

Jetzt die Teigstreifen gitterförmig über die Konfitüre legen. Eigelb mit Milch verschlagen, die Teigstreifen damit bestreichen.

8

Die Form im vorgeheizten Backofen bei 180 Grad circa 30 Minuten backen. Danach auf einem Kuchenrost abkühlen lassen.

Kalter Hund

ZUTATEN

(für ca. 20 Stück)

250 g Butterkekse
150 g Zartbitterkuvertüre
450 g Vollmilchkuvertüre
150 g Kokosfett
200 g Schlagsahne
2 Päckchen Vanillinzucker

1 Kastenform (25 x 11 cm)
1 großer Gefrierbeutel
oder Frischhaltefolie

Zubereitungszeit: ca. 20-25 Minuten
(+ 6 Stunden Kühlzeit)

Auf Kindergeburtstagen ist er der Höhepunkt: Kalter Hund – auch Kalte Schnauze genannt – ist eine süße Köstlichkeit aus Butterkeksen und Schokoladenkuvertüre. Das Schöne: Der Kuchen wird nur geschichtet und nicht gebacken. Allerdings muss er nachher eine Weile auskühlen – also möglichst einen Tag vorher zubereiten. Übrigens: Das Zubereiten des Kuchens macht Kindern meist genauso viel Spaß wie das Schlemmen danach. Und wer es ganz genau machen will, der backt die Mürbeteigplätzchen vorher selbst.

Die Kastenform mit einem aufgeschnittenen Gefrierbeutel auslegen. Alternativ geht auch Frischhaltefolie.

Die Kuvertüre mit einem scharfen Messer grob hacken. Danach das Kokosfett in kleine Stücke schneiden.

Kokosfett und Schokolade in einem Topf bei mittlerer Hitze schmelzen. Vanillinzucker und Sahne einrühren.

Eine dünne Schicht Schokoladencreme in die Kastenform füllen und mit einem Messer glatt streichen.

Anschließend mit einer Schicht Butterkeksen auslegen. Wenn sie nicht in die Form passen, die Kekse einfach zerbrechen.

Abwechselnd Schokoladencreme und Kekse in die Kastenform schichten. Das Ganze achtmal wiederholen.

Die Kastenform über Nacht oder für mindestens sechs Stunden in den Kühlschrank stellen, damit die Schokolade fest wird.

Gebäck aus der Form lösen und auf einen Teller stürzen. Den Gefrierbeutel abziehen und das Gebäck in Scheiben schneiden.

Nussecken

ZUTATEN

(für ca. 24 Stück)

Für den Teig:
160 g Weizenmehl
70 g Zucker
¼ gestrichener TL Backpulver
1 Päckchen Vanillinzucker
1 Prise Salz
70 g weiche Margarine
1 Ei

Für den Belag:
150 g Zucker
200 g gemahlene Haselnusskerne
1 Päckchen Vanillinzucker
2 EL Aprikosenmarmelade
150 g Butter
100 g Kuvertüre zum Eintauchen

Backblech/Alufolie

Zubereitungszeit:
ca. 80 Minuten

Eine Nussecke ist ein Mürbeteiggebäck, das mit einem Aufstrich von geriebenen Nüssen (meist Haselnüsse und/oder Mandeln), Zucker und Fett bestrichen wird. Darunter kommt häufig noch Aprikosenmarmelade. Der Teig wird lauwarm erst in Vier-, dann in Dreiecke geschnitten. Zum Schluss werden die Ecken in Schokoladenguss getaucht.
Übrigens: Nussecken sind auch das Lieblingsgebäck des Schlagersängers Guildo Horn.

1

Für den Teig das Weizenmehl mit dem Backpulver mischen, in eine Rührschüssel sieben.

2

Zucker, Vanillinzucker, Salz, Ei und Margarine dazugeben. Zunächst auf niedriger Stufe, dann auf höchster Stufe durchmixen.

3

Auf einer leicht bemehlten Arbeitsfläche zu einem glatten Teig verkneten. Wenn der Teig dabei zu sehr klebt, vorher eine halbe Stunde in den Kühlschrank legen.

4

Den Teig zu einem Rechteck auf einem gefetteten Backblech ausrollen. Mit der Aprikosenmarmelade bestreichen.

5

Butter, Zucker, Vanillinzucker und zwei Esslöffel Wasser langsam erwärmen, bis alles zu einer Masse zerlassen ist. Die gemahlenen Haselnusskerne unterrühren.

6

Masse etwas abkühlen lassen, gleichmäßig auf den Teig verteilen. Für die offene Backblechseite aus mehrfach umgeknickter Alufolie einen Rand basteln.

7

Bei 170 Grad (nicht vorgeheizt) 25 Minuten backen. Abkühlen lassen, in neun mal neun Zentimeter große Vierecke, dann diagonal in Dreiecke schneiden.

8

Die Kuvertüre in einem kleinen Topf im Wasserbad schmelzen, Nussecken darin kurz eintauchen. Trocknen lassen.

Mürbeteigplätzchen

Die Klassiker unter den Weihnachtsplätzchen: Sterne, Herzen, Tannenbäume oder Monde – ausgestochen aus Mürbeteig. Bei Kindern sind sie besonders beliebt, weil sie erstens einfach zu backen sind, zweitens das Ausstechen so viel Spaß macht und sie drittens so herrlich bunt verziert werden können: mit Schokoglasur, bunten Zuckerstiften, Perlen, Streuseln, Nüssen oder mit Marmelade bestrichen. Am Ende entstehen immer ganz individuelle Meisterwerke von kleinen Zuckerbäckern. Sollen sie knusprig bleiben, müssen die leckeren Plätzchen kühl und trocken aufbewahrt und vor allem luftdicht verschlossen werden – egal ob in einer Plastik- oder einer Blechdose.

ZUTATEN

(für ca. 30 Stück)

200 g Mehl
50 g Zucker
1 TL Backpulver
100 g Butter
1 Prise Salz
1 Ei
1 Eigelb

Schokostreusel oder bunte Streusel
Backblech
Ausstechförmchen

Zubereitungszeit: ca. 1 Stunde

1

Das Mehl zusammen mit dem Backpulver auf die Arbeitsfläche sieben und in die Mitte eine Mulde drücken.

2

Die kalte Butter in kleine Stücke schneiden und auf dem Mehlrand verteilen.

3

Zucker, Salz und das Ei in die Mulde geben und alle Zutaten mit den Händen schnell zu einem glatten Teig verkneten.

4

Den Teig in Frischhaltefolie einwickeln und im Kühlschrank 30 Minuten ruhen lassen.

5

Den Teig auf einer bemehlten Arbeitsfläche mit dem Nudelholz drei bis fünf Millimeter dick ausrollen.

6

Figuren oder Plätzchen ausstechen, mit einem verquirlten oder verrührten Eigelb bestreichen. Backofen auf 170 Grad vorheizen.

7

Je nach Wunsch die Plätzchen mit Schokostreuseln oder bunten Streuseln bestreuen.

8

Die Kekse mit einem Messer vom Tisch abheben, auf ein eingefettetes Backblech legen und bei 170 Grad 10 bis 15 Minuten backen, bis sie leicht braun sind.

Heidesand

ZUTATEN

(für ca. 80 Stück)

350 g Weizenmehl
250 g Zucker
1 Päckchen Vanillinzucker
1 Messerspitze Backpulver
1 Prise Salz
250 g Butter
2 EL Milch

Backblech/Backpapier

Zubereitungszeit: ca. 130 Minuten

Heidesand ist ein altes niedersächsisches Rezept. Weil der Keksteig so hell und „sandig" aussieht – eben wie Heidesand –, wurde er auch nach ihm benannt. Das Wichtigste bei der Zubereitung ist, geduldig zu sein und genügend Zeit einzuplanen. Damit der typische Heidesand-Geschmack entsteht: Butter in einen Topf geben und auf mittlerer Temperatur gut bräunen. Sollte der Teig zu krümelig sein, kann man ihn auch direkt auf dem Backblech festdrücken und dann ausstechen. Tipp: Weil Heidesand erst nach dem Abkühlen fest wird, sollte man ihn am besten auf dem Blech auskühlen lassen. Auf diese Weise zerbrechen die Plätzchen nicht.

1

Für den Teig Butter in einem Topf zerlassen und leicht bräunen lassen, dann in eine Porzellanschüssel geben, 45 Minuten kalt stellen.

2

Die wieder fest gewordene Butter mit einem Handrührgerät (Rührbesen) auf höchster Stufe geschmeidig rühren.

3

Nach und nach Zucker, Vanillinzucker, Salz und Milch unterrühren. So lange rühren, bis eine cremige Masse entsteht.

4

Mehl mit Backpulver mischen und zwei Drittel davon portionsweise auf mittlerer Stufe unterrühren.

5

Teig mit dem übrigen Mehl auf der Arbeitsfläche zu einem glatten Teig verkneten. Daraus etwa drei Zentimeter dicke Rollen formen. Rollen kalt stellen, bis sie hart sind.

6

Das Backblech mit Backpapier belegen, den Backofen auf circa 170 Grad vorheizen.

7

Die harten Rollen in einen halben Zentimeter dicke Scheiben schneiden und auf das Backblech legen.

8

Auf mittlerer Einschubleiste 15 Minuten backen. Heidesand mit dem Backpapier vom Blech auf einen Kuchenrost ziehen und darauf erkalten lassen.

Spritzgebäck

Spritzgebäck gehört zu den Klassikern der Weihnachtsbäckerei. Der Mürbeteig wird durch eine Spritzdüse gedrückt, dadurch entsteht die typische Form. Weil der Teig sehr fest ist, kann man ihn auch mit einem speziellen Vorsatz durch den Fleischwolf drehen. Denn sonst braucht man ganz schön Kraft in den Armen. Nach dem Backen kann Spritzgebäck auch prima mit Schokoladenüberzug, Zuckerguss oder mit bunten Zuckerperlen verziert werden.

ZUTATEN

(für ca. 100 Stück)

Für den Teig:	**Außerdem:**
500 g Weizenmehl	20 g Kakao
250 g Zucker	15 g Zucker
125 abgezogene und gemahlene Mandeln	Eventuell Schokoladen-kuvertüre zum Verzieren
2 Päckchen Vanillinzucker	
375 g weiche Butter	Backblech
1 Prise Salz	Gebäckpresse
	Zubereitungszeit:
	ca. 35-40 Minuten

1
Die Butter mit dem Mixer (Rührbesen) auf höchster Stufe eine Minute lang geschmeidig schlagen.

2
Den Zucker, den Vanillinzucker sowie das Salz dazugeben und so lange rühren, bis eine geschmeidige Masse entstanden ist.

3
Das Mehl sieben, rund zwei Drittel esslöffelweise bei mittlerer Mixerstufe unterrühren.

4
Jetzt den Rest des Mehls in die Schüssel geben und mit dem Teigbrei vermischen.

5
Die gemahlenen Mandeln mit dem Teig auf einer Arbeitsfläche zu einem glatten Teig verkneten.

6
Kakao sieben, mit den 15 Gramm Zucker mischen und unter ein Drittel des Teigs kneten. Teig zu ein- oder zweifarbigen Rollen formen.

7
Die Teigrollen durch eine Gebäckpresse auf ein leicht gefettetes Backblech geben.

8
Gebäck im nicht vorgeheizten Ofen bei 160 Grad 10 bis 15 Minuten backen. Je nach Wunsch dekorieren.

Terrassengebäck

Terrassengebäck ist das „Angebergebäck" unter den Weihnachtsplätzchen. Denn die einfachen Mürbeteigplätzchen sehen durch das Übereinanderstapeln verschieden großer Kekse und der fruchtigen Geleefüllung nach kleinen Meisterwerken des Bäckereihandwerks aus. Dabei können sie die unterschiedlichsten Formen von Sternen, Herzen bis hin zu Weihnachtsbäumen haben. Allerdings muss man vor dem Backen darauf achten, dass der Teig gleichmäßig ausgerollt wird. Denn damit das Terrassengebäck gleichmäßig gart, sollten nur gleich „dicke" Plätzchen zusammen auf einem Backblech gebacken werden.

ZUTATEN

(für ca. 30 Stück)

Für den Teig:
300 g Mehl
120 g Zucker
1 Päckchen Vanillinzucker
150 g Butter
1 Ei

Für die Füllung:
80 g Johannisbeergelee
Puderzucker zum Bestäuben

Backblech
Ausstechförmchen

Zubereitungszeit: ca. 75 Minuten

1 Für den Teig Mehl, Zucker, Vanillinzucker, Butter und Ei mit dem Mixer (Knethaken) zu einem glatten Teig verkneten.

2 Die Teigschüssel mit einem Küchentuch abdecken und 30 Minuten kalt stellen.

3 Die Arbeitsfläche bemehlen und den Teig mit einem Nudelholz etwa drei Millimeter dick ausrollen. Backofen auf 170 Grad vorheizen.

4 Mit verschieden großen Ausstechern (3,4 und 5 cm) mit gewelltem Rand Plätzchen ausstechen und auf ein gefettetes Backblech legen.

5 Die Plätzchen im Backofen auf mittlerer Schiene etwa zehn Minuten backen, bis sie goldbraun sind. Abkühlen lassen.

6 In einem kleinen Topf das Gelee auf kleiner Hitze erwärmen und zu einer glatten Masse rühren.

7 Immer drei Plätzchen unterschiedlicher Größe mit dem Gelee zusammensetzen.

8 Vor dem Servieren mit Puderzucker bestäuben.

Vanillekipferl

ZUTATEN

(für ca. 80 Stück)

300 g Mehl
100 g feiner Zucker
125 g abgezogene, gemahlene Mandeln
1 Vanilleschote
250 g Butter
3 Eigelb

50 g Puderzucker zum Bestäuben

Backblech

Zubereitungszeit: ca. 110 Minuten

Was wäre die Adventszeit ohne süß duftende Weihnachtsplätzchen – wie zum Beispiel Vanillekipferl. Also ran an den Backofen. Wenn sich dann große und kleine Bäcker mit mehlbestäubten Gesichtern in der Küche tummeln, wird die Adventsbäckerei zu einem echten Familienerlebnis. Die kleinen, halbmondförmigen, mit Puderzucker bestäubten Köstlichkeiten machen die Vorfreude auf den Heiligen Abend noch größer. Tipp: Falls Sie Ihre Vanillekipferl verschenken möchten, legen Sie beim Verpacken Pergamentpapier zwischen die Kipferlschichten. So bleibt die Puderzuckerschicht erhalten.

1 Eine Vanilleschote aufschlitzen und das Mark mit einer Messerspitze herauskratzen. Das Mehl in eine Rührschüssel sieben.

2 Das Vanillemark, den Zucker und das Eigelb zum Mehl geben. Die Butter in kleine Stücke schneiden und mit den Mandeln ebenfalls zu der Masse geben.

3 Alle Zutaten mit den Knethaken des Mixers durcharbeiten. Dann auf einer bemehlten Fläche mit den Händen zu einem glatten Teig verkneten.

4 Den gut verkneteten Teig in Frischhaltefolie wickeln und für mindestens eine Stunde im Kühlschrank kalt stellen.

5 Aus dem Teig zunächst auf der bemehlten Arbeitsfläche dünne Rollen formen. Daraus schräge, circa fünf Zentimeter lange Stücke schneiden.

6 Aus den einzelnen Stücken die typische Hörnchenform mit den Händen kneten. In der Zwischenzeit den Backofen auf 180 Grad vorheizen.

7 Die fertig geformten Hörnchen gleichmäßig mit einem Zentimeter Abstand auf das mit Backpapier ausgelegte Backblech legen.

8 Das Gebäck auf der mittleren Schiene etwa zehn Minuten backen. Die noch heißen Kipferl mit Puderzucker bestäuben.

Quiche Lorraine

Die französische Spezialität aus herzhaftem Kuchenteig und würziger Füllung stammt ursprünglich aus dem Raum Lothringen. Die französische Bezeichnung „Quiche" wurde um 1845 von dem elsässischen Wort „Kiche" bzw. „Kueche" abgeleitet, das dem deutschen Wort „Kuchen" entspricht. Die klassische Tarte à la crème oder Quiche à la lorraine bzw. kurz Quiche Lorraine (Lothringer Specktorte) wird warm als Vorspeise oder Hauptgericht gegessen.

ZUTATEN

(für 12 Stück)

Für den Teig:	300 g Schlagsahne
250 g Mehl	4 Stiele glatte Petersilie
1 Prise Zucker	Salz, Pfeffer, Muskat
175 g weiche Butter	
1 TL Salz	Springform (28 cm Ø)
1 Eigelb	
	Zubereitungszeit:
Für den Belag:	ca. 110 Minuten
150 g durchwachsener Speck	
4 Eier	

1

Mehl, Butter in Flöckchen, Salz, Zucker, Eigelb und drei Esslöffel eiskaltes Wasser in eine Schüssel geben. Mit den Händen zu einem glatten Teig verkneten.

2

Den Teig in Frischhaltefolie wickeln und für eine Stunde in den Kühlschrank legen. Die Springform fetten.

3

Zwei Drittel des Teiges auf dem Springformboden ausrollen. Aus dem Rest zwei Rollen à circa 40 Zentimeter formen und in den Springformrand legen.

4

Den Rand gut andrücken und gerade schneiden. Den Boden mehrfach mit einer Gabel einstechen.

5

Den Speck fein würfeln und gleichmäßig auf dem Quiche-Boden verteilen. Backofen auf 200 Grad vorheizen.

6

Die Eier mit dem Schneebesen schaumig schlagen, Sahne zugeben und verquirlen. Die Ei-Sahne-Masse je nach Geschmack mit Salz, Pfeffer und Muskat würzen.

7

Die gewürzte Masse über die Speckwürfel gießen. Im vorgeheizten Backofen bei 200 Grad 30 Minuten backen.

8

Petersilienblätter von den Stielen zupfen und fein hacken. Vor dem Servieren die Quiche mit der Petersilie bestreuen.

Käsekuchen

Der allseits beliebte Käsekuchen, in der Schweiz auch Quarktorte und in Österreich Topfenkuchen genannt, besteht hauptsächlich aus Quark. Je nach Rezept kommen noch ein leckerer Boden – zum Beispiel aus Mürbeteig – oder auch Früchte dazu. Die einfachste und auch klassischste Variante ist allerdings die ohne Boden und ohne Früchte, so kommt der typische, leicht zitronige Geschmack besonders gut zur Geltung. Tipp: Sollte der Kuchen beim Backen zu braun werden, decken Sie ihn mit Alufolie ab.

ZUTATEN

(für 12 Stück)

300 g Zucker	1 kg Quark (Magerstufe)
3 EL Grieß	6 kalte Eier
1 TL Backpulver	
1 Päckchen	Springform (28 cm Ø)
Sahnepuddingpulver	
1 Zitrone	**Zubereitungszeit:**
250 g weiche Butter	ca. 80 Minuten

1 Die weiche Butter in einer großen Rührschüssel mit dem Handmixer zwei Minuten lang glatt rühren. Backofen auf 175 Grad vorheizen.

2 Den Zucker nach und nach dazugeben und zwei Minuten weiterrühren. Die Eier trennen und Eigelb zur Butter-Zucker-Masse geben.

3 Dann das Puddingpulver, den Grieß und das Backpulver dazugeben. Zwei Minuten glatt rühren.

4 Die Zitrone auspressen und den Saft zu der Masse geben. Gut verrühren.

5 Den Quark in die Rührschüssel geben und alles zu einer glatten Masse verarbeiten.

6 In einer zweiten Schüssel (muss fettfrei sein) das Eiweiß sehr steif schlagen. Tipp: Schüssel vorher kühlen, dann geht es schneller.

7 Das steife Eiweiß langsam unter die Quarkmasse heben. Achtung: keinen Mixer verwenden und nicht mehr schnell rühren.

8 Eine Springform fetten und mehlen. Dann die Quarkmasse vorsichtig in die Form füllen und eine Stunde bei 175 Grad backen.

Apfelkuchen

ZUTATEN

(für 12 Stück)

Für den Teig:
150 g Mehl
1 TL Vanillinzucker
40 g Puderzucker
½ Päckchen Backpulver
1 Prise Salz
3 EL neutrales Öl
2 EL Milch
75 g Quark

Für den Belag:
1 kg Äpfel
100 g Zucker
2 EL Zitronensaft
125 g Sahne
3 Eier
1 EL Puderzucker zum Bestäuben

Quicheform (28 cm ø)

Zubereitungszeit:
ca. 50-55 Minuten

Der klassische Obstkuchen kann in unzähligen Varianten zubereitet werden. Als Blechkuchen mit Hefeteig, in einer Springform mit Mürbe- oder Rührteig oder wie hier mit einem Quark-Öl-Teig. Wichtig hierbei: den Quark immer gut abtropfen lassen! Am besten eignen sich für einen Apfelkuchen säuerliche Apfelsorten wie zum Beispiel Boskop. Auch mit weiteren Zutaten wie Nüssen, Rosinen oder Streuseln schmeckt der Kuchen lecker.

1

Das Mehl mit dem Backpulver, Salz, Puder- und Vanillinzucker vermischen und alles auf die Arbeitsfläche häufen.

2

In die Mitte des Haufens eine Mulde drücken und Quark, Öl und Milch dazugeben. Mit den Händen verkneten.

3

Den Teig dünn ausrollen und damit die gefettete Quicheform gleichmäßig auslegen.

4

Die Äpfel schälen, vierteln und das Kerngehäuse entfernen. Danach die Apfelviertel mit Zitronensaft beträufeln.

5

Apfelviertel mit der Wölbung nach oben hinlegen und mit einem Messer gleichmäßig einschneiden.

6

Mit den eingeschnittenen Apfelvierteln den ausgerollten Teig in der Quicheform gleichmäßig belegen. Backofen auf 180 Grad vorheizen.

7

Die Eier mit dem Zucker und der Sahne in eine Schüssel geben und alles glatt verrühren.

8

Die Masse über die Äpfel gießen. Bei 180 Grad im vorgeheizten Backofen 30 Minuten backen. Mit Puderzucker bestäuben.

Apfelstrudel

Die bekannteste Strudelart ist ein österreichisches Traditionsgericht und wird meist heiß und mit Vanillesoße serviert. Ursprünglich war der Strudel allerdings eine einfache Mahlzeit für arme Leute. Wichtig bei der Zubereitung ist vor allem das Ausziehen des Teiges. Er sollte so dünn sein, dass man eine daruntergelegte Zeitung lesen kann. Für einen gelungenen Strudel nimmt man am besten saftige, feste und säuerlich-aromatische Äpfel, wie zum Beispiel Elstar.

ZUTATEN

(für 2 Strudel á 6 Stück)

Für den Teig:
200 g Weizenmehl
1 Prise Salz
50 g Butter

Für die Füllung:
1,5 kg Äpfel, z. B. Elstar
50 g Rosinen
100 g Zucker
50 g gehackte Mandeln
50 g Semmelbrösel

1 Päckchen Vanillinzucker
3 Tropfen Zitronenaroma (aus dem Röhrchen)
75 g Butter

Puderzucker zum Bestäuben

Backblech

Zubereitungszeit:
ca. 100 Minuten

1

Für den Teig: Butter im Topf zerlassen, abkühlen lassen. Mehl in Rührschüssel geben. Salz, 75 Milliliter lauwarmes Wasser und Butter hinzufügen.

2

Mit Mixer (Knethaken) kurz auf niedrigster, dann auf höchster Stufe zu einem glatten Teig kneten. In einem Topf reichlich Wasser kochen, ausgießen, den Topf abtrocknen.

3

Teig auf Backpapier in den Topf legen, Deckel drauf. 30 Minuten ruhen lassen. Backblech mit Backpapier auslegen, Backofen vorheizen (Ober-/Unterhitze 180°C).

4

Für die Füllung: Äpfel schälen und in feine Stifte schneiden, dann das Aroma untermischen. Butter in einem kleinen Topf zerlassen. Den Teig halbieren ...

5

...und auf zwei bemehlten Geschirrtüchern ausrollen. Dünn mit der Butter bestreichen, zu Rechtecken (circa 35 x 25 cm) ausziehen. Den Teig erneut fetten.

6

Semmelbrösel, Apfelstifte, Rosinen, Zucker, Vanillinzucker und Mandeln darauf verteilen. Teigränder der kurzen Seiten auf die Füllung klappen.

7

Teig mithilfe des Tuches jeweils von der längeren Seite aufrollen. Die Enden zusammendrücken. Strudel auf das Backblech legen und mit Butter bestreichen.

8

Auf der unteren Schiene 30 Minuten backen. Teig wieder einfetten. Weitere 20 Minuten backen. Herausnehmen und abkühlen lassen. Mit Puderzucker bestäuben.

Topfenstrudel

Ein Topfenstrudel, auch Quarkstrudel genannt oder ungarisch „Túrós rétes", ist ein Strudelteiggebäck und dem Apfelstrudel ganz ähnlich. Natürlich unterscheidet er sich vor allem in seiner Füllung, denn wie sein Name schon sagt, ist dieser mit „Topfen" anstatt mit Äpfeln gefüllt. Topfen ist übrigens das österreichische Wort für Quark. Häufige Zutaten sind außerdem Eier, Zucker, Rosinen und Gewürze wie Vanille.

ZUTATEN

(für 2 Strudel á 6 Stück)

Für den Teig:
250 g Weizenmehl
3 EL lauwarmes Wasser
1 Prise Salz
2 EL Speiseöl
2 Eier
2 EL Zitronensaft
80 g weiche Butter
4 EL Schlagsahne
500 g Magerquark
2 Eier

Für die Füllung:
1 Dose Aprikosenhälften (Abtropfgewicht 220 g)
80 g Rosinen
80 g Zucker
2 Päckchen Vanillesoßenpulver

Außerdem:
80 g Butter zum Bestreichen
Puderzucker

Backblech/Backpapier

Zubereitungszeit:
ca. 105 Minuten

1

Für den Teig: Mehl und übrige Zutaten in der Rührschüssel mit dem Mixer (Knethaken) auf niedrigster, dann auf höchster Stufe zu einem glatten Teig verarbeiten.

2

Reichlich Wasser im Topf kochen, ausgießen, Topf abtrocknen. Teig auf Backpapier darin abgedeckt 30 Minuten ruhen lassen. Ofen auf 180 Grad vorheizen.

3

Für die Füllung: Butter geschmeidig rühren. Langsam Zucker, Ei, Zitronensaft, Quark, Soßenpulver, Sahne unterrühren. Aprikosen abtropfen lassen, klein schneiden.

4

Teig halbieren. Jeweils auf bemehltem Geschirrtuch zu einem Rechteck (40 x 30 cm) ausrollen. Butter in kleinem Topf schmelzen, Teighälften damit etwas bestreichen.

5

Teigrechtecke gleichmäßig mit der Füllung bestreichen, etwa zwei Zentimeter am Rand frei lassen. Jeweils mit der Hälfte der Rosinen und Aprikosenstücke bestreuen.

6

Teigränder der langen Seiten auf die Füllung klappen. Teighälften mithilfe des Tuches von der kurzen Seite aus aufrollen, Enden gut zusammendrücken.

7

Strudel mit Naht nach unten auf das Blech (mit Backpapier) legen, wieder mit etwas Butter bestreichen und im unteren Backofendrittel 45 Minuten backen.

8

Nach 30 Minuten die Strudel mit der restlichen Butter bestreichen. Nach dem Backen die Strudel etwas abkühlen lassen und mit Puderzucker bestäuben.

Schweinsöhrchen

Schweinsöhrchen oder Schweineohren – schon den Namen finden Kinder lustig und lecker finden sie das süße Kleingebäck aus Blätterteig erst recht. Das Gebäck ähnelt ja wirklich den Schlappohren eines Schweinchens. Da die Teigschichten nicht übereinander, sondern nebeneinander liegen, geht der Teig nicht in der Höhe, sondern in der Breite auf. Dabei entsteht die typische Herzform. Die Größe handelsüblicher Schweineohren variiert nach Region und Angebot, es gibt sie mit Puderzucker bestreut, mit weißem Zuckerguss oder, bei Kindern besonders beliebt, mit Schokoladenguss überzogen.

ZUTATEN

(für 50-60 Stück)

1 Packung tiefgekühlter Blätterteig (450 g)

Außerdem:
4 Päckchen Bourbon-Vanillezucker
3 EL Aprikosenmarmelade
75 g Zartbitterschokolade

2 Backbleche

Zubereitungszeit: ca. 70 Minuten

1

Die Blätterteigplatten nach Packungsanleitung auftauen lassen. Zwei Backbleche mit Backpapier belegen, Backofen auf circa 200 Grad vorheizen.

2

Jeweils die Hälfte der Teigplatten aufeinanderlegen und auf einer leicht bemehlten Arbeitsfläche zu zwei Rechtecken (40 x 30 cm) ausrollen.

3

Teig gleichmäßig mit Bourbon-Vanillezucker bestreuen. Von den längeren Seiten her zur Mitte einrollen, sodass die Kanten aneinanderstoßen. Fest zusammendrücken.

4

Die Rollen in etwa ein Zentimeter dicke Scheiben schneiden und auf die Bleche legen. Diese nacheinander auf unterer Schiene 15 Minuten backen.

5

Nach zehn Minuten das Gebäck vorsichtig umdrehen. Nach dem Backen die Schweinsöhrchen mit Backpapier auf Küchenrost ziehen und erkalten lassen.

6

Marmelade durch ein Sieb streichen und in einem kleinen Topf aufkochen. Mit einem Backpinsel jeweils eine Hälfte der Schweinsöhrchen damit bestreichen.

7

Die Zartbitterschokolade grob zerkleinern und im Wasserbad bei schwacher Hitze schmelzen.

8

Schweinsöhrchen mit dem anderen Ende in die Schokolade tauchen, abstreifen und auf dem Backpapier fest werden lassen.

Quarktaschen

Knusprige Hülle mit saftiger Füllung: Quarktaschen sind ein Erlebnis für den Gaumen und schnell zu machen, weil man den Blätterteig fertig im Supermarkt (Tiefkühltruhe) kaufen kann. Die Quarkfüllung lässt sich auch gut mit Rosinen, Nüssen oder klein geschnittenen Äpfeln verfeinern. Natürlich könnte man den Blätterteig auch selber herstellen, aber das ist ziemlich aufwendig. Eine Alternative wäre ein Hefeteig (Rezepte auf den Seiten 36-61), den Sie dünn ausrollen und zu Quadraten schneiden.

ZUTATEN

(für 10-12 Stück)

1 Packung tiefgekühlter Blätterteig (450 g)

Für die Füllung:
30 g Zucker
250 g Speisequark (Magerstufe)
2 mittelgroße Eier
1 Päckchen Zitronenschalenaroma
3 EL Aprikosenmarmelade

Backblech

Zubereitungszeit: ca. 35-40 Minuten

1

Blätterteigplatten nach Packungsanleitung auftauen lassen. Rechteckige Teigplatten jeweils einmal längs teilen, quadratische Teigplatten so lassen.

2

Das Backblech mit Backpapier belegen und den Backofen auf 180 Grad vorheizen.

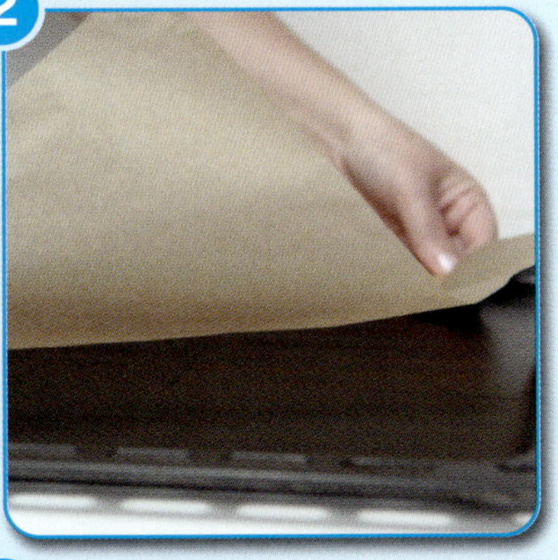

3

Speisequark, ein Ei, das Zitronenschalenaroma und den Zucker in eine Rührschüssel geben und mit einem Schneebesen glatt rühren. Zweites Ei separat verquirlen.

4

Die Quarkfüllung mit einem Esslöffel gleichmäßig auf den zehn Blätterteigquadraten verteilen. Die Ränder der Platten mit etwas verquirltem Ei bestreichen.

5

Zwei gegenüberliegende Ecken zusammendrücken, sodass Dreiecke entstehen. Die Ränder der Taschen mit einer Gabel gut festdrücken.

6

Die Teigecken und Ränder wieder mit verquirltem Ei bestreichen.

7

Die Quarktaschen im Ofen auf mittlerer Schiene 15 Minuten backen.

8

Die Aprikosenkonfitüre mit zwei Esslöffel Wasser in einem kleinen Topf kurz aufkochen, dann die noch heißen Taschen damit bestreichen. Abkühlen lassen.

Käsestangen

Hunger auf einen herzhaften Snack? Es müssen nicht immer Kartoffelchips aus der Tüte sein. Selbst gebackene Käsestangen passen prima zu Wein und Bier und sind ganz leicht selbst zu machen, vor allem mit tiefgekühltem Blätterteig. Die Platten einfach in Streifen schneiden und dann weiterverarbeiten. Wer ein bisschen variieren möchte, kann auf das pikante Kleingebäck auch zusätzlich noch Sesamkörner, Paprikapulver oder Mohn streuen. Die erkalteten Käsestangen lassen sich außerdem gut einfrieren. So hat man gleich noch Vorrat für die nächste Party. Dann die Stangen auf dem Backblech etwa drei Minuten bei 180 Grad auftauen lassen.

ZUTATEN

(für 40-50 Stück)

1 Packung tiefgekühlter Blätterteig (450 bis 500 g)

Für die Füllung:
200 g Höhlenkäse
2 TL edelsüßes Paprikapulver
Etwas grob gemahlener Pfeffer

Backblech/Backpapier

Zubereitungszeit: ca. 55 Minuten

1

Den Blätterteig aus der Packung nehmen, die Platten nebeneinander legen und auftauen lassen.

2

Backblech mit Backpapier belegen. Jeweils die Hälfte der Blätterteigplatten übereinanderlegen …

3

… und auf einer bemehlten Arbeitsfläche zu zwei Rechtecken (25 x 30 cm) ausrollen. Rechtecke jeweils längs halbieren.

4

Für die Füllung den Höhlenkäse auf einer Küchenreibe so fein wie möglich reiben. Ein Teigrechteck gleichmäßig mit Paprika, Pfeffer und Käse bestreuen …

5

… und mit einer zweiten Teigplatte bedecken. Sehr gut andrücken. Genauso mit Teigplatte drei und vier verfahren.

6

Die Teigpakete mit einem scharfen Messer längs in etwa ein Zentimeter dicke Stangen schneiden. Backofen auf 200 Grad vorheizen.

7

Jeweils die Enden einer Stange gegeneinander drehen und auf das Backblech legen.

8

Die Stangen zehn Minuten ruhen lassen, dann für 15 Minuten in den Backofen schieben.

Spritzkuchen

Die süßen Ringe aus Brandteig schmecken frisch am besten. Auch das Frittieren geht ganz einfach. Vor allem, wenn man den Teig in einen Spritzbeutel (Tülle mit großer Öffnung) füllt – es geht auch ein Gefrierbeutel mit abgeschnittener Ecke –, dann Ringe spritzt und diese mithilfe von Backpapier in siedendes Fett gibt. Besonders leicht geht's natürlich, wenn man eine Fritteuse besitzt.

ZUTATEN

(für ca. 25 Stück)

Für den Teig:
150 g Weizenmehl
25 g Zucker
1 Päckchen Vanillinzucker
1 gestrichener TL Backpulver
50 g Butter
30 g Speisestärke
6 mittelgroße Eier

Für den Guss:
300 g Puderzucker
3 EL Zitronensaft

Zum Ausbacken:
ca. 750-1500 g Ausbackfett, z. B. Palmin (je nach Topfgröße)
Backpapier
etwas Fett/Margarine
Spritzbeutel mit großer Sterntülle

Zubereitungszeit:
ca. 30-35 Minuten

1

Ausbackfett im Topf (oder in der Fritteuse) auf etwa 180 Grad erhitzen. Backpapier in Quadrate (10 x 10 cm) schneiden und fetten.

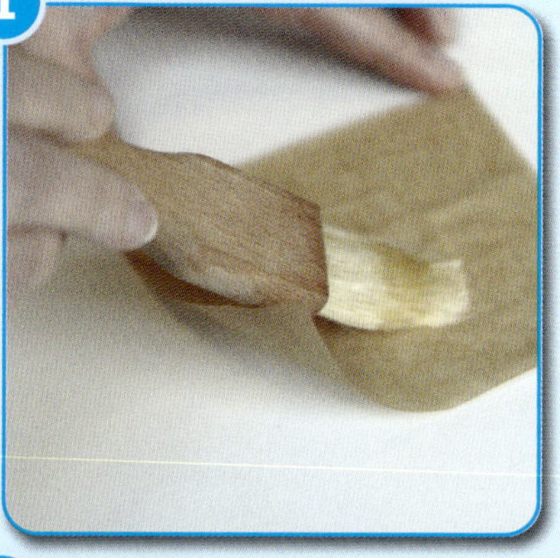

2

Für den Teig: 250 Milliliter Wasser mit der Butter in kleinem Topf aufkochen, vom Herd nehmen. Mehl mit Speisestärke mischen, in die Flüssigkeit geben.

3

Alles zu einem glatten Teigkloß verrühren, dann etwa eine Minute unter ständigem Rühren erhitzen (abbrennen) und in eine Rührschüssel geben.

4

Zucker und Vanillinzucker mit dem Mixer (Knethaken) unterrühren. Fünf Eier nacheinander auf höchster Stufe unter den Teig arbeiten.

5

Letztes Ei separat verquirlen. So viel zum Teig geben, bis er glänzt und in langen Spitzen am Löffel hängen bleibt. Backpulver unter den erkalteten Teig rühren.

6

Teig portionsweise in Spritzbeutel füllen, in Form von Kränzen aufs Backpapier spritzen. Papiere ins siedende Fett tauchen, damit sich die Kränze lösen.

7

Kränze portionsweise schwimmend von beiden Seiten hellbraun backen, mit Schaumlöffel herausnehmen, auf Küchenpapier abtropfen und auf Rost erkalten lassen.

8

Für den Guss: Puderzucker sieben, mit Zitronensaft und heißem Wasser glatt rühren, bis eine dickflüssige Masse entsteht. Das Gebäck damit bestreichen.

Windbeutel

Wie der Name schon sagt, sind Windbeutel hohl, zwar mit etwas gefüllt, aber eben nicht ganz. Der Rest ist Luft. Eine Legende besagt, dass einst eine baltische Gräfin das Gebäck ins bayerische Ruhpolding mitbrachte. 1949 eröffnete sie ein kleines Café. Bei den Ruhpoldingern wurde das Gebäck bald sehr beliebt. In der Region gilt es heute noch als Erfindung der „Windbeutelgräfin". Wichtig beim Backen: die ersten 15 Minuten die Ofentür nicht öffnen, das Gebäck fällt sonst zusammen!

ZUTATEN

(für 8 Stück)

Für den Teig:
75 g Weizenmehl
1 Messerspitze Backpulver
15 g feine Speisestärke
25 g Butter
3 Eier

Für die Füllung:
Sauerkirschen
(330 g Abtropfgewicht)
Etwas Zucker
zum Abschmecken
15 g Speisestärke
25 g Puderzucker
1 Vanillinzucker
500 g kalte Schlagsahne
2 Päckchen Sahnesteif
Puderzucker
zum Bestäuben

Backblech
Spritzbeutel mit Sterntülle

Zubereitungszeit:
ca. 1 Stunde

1

Gefettetes Blech mit Backpapier belegen, Backofen auf 180 Grad vorheizen. 125 Milliliter Wasser mit Butter in einem Topf aufkochen, vom Herd nehmen.

2

Mehl mit Speisestärke mischen, zur Flüssigkeit geben. Zu glattem Teigkloß verrühren. Eine Minute unter ständigem Rühren erhitzen. In Rührschüssel geben.

3

Zwei Eier nacheinander auf höchster Stufe unter den Teig mixen. Drittes Ei verquirlen. Zum Teig geben, bis er glänzt und in Spitzen am Löffel hängen bleibt.

4

Backpulver unter den kalten Teig rühren. Mit zwei Teelöffeln acht Teighäufchen aufs Blech setzen, auf mittlerer Schiene 25 Minuten backen.

5

Sofort nach dem Backen von jedem Windbeutel einen Deckel abschneiden und das Gebäck auf einem Kuchenrost erkalten lassen.

6

Für die Füllung: Sauerkirschen mit Saft im Topf aufkochen, abgießen, den Saft auffangen, erkalten lassen. Speisestärke mit vier Esslöffel Saft anrühren.

7

125 Milliliter Saft erneut aufkochen, Speisestärkemischung einrühren. Kirschen unterheben, etwas zuckern, erkalten lassen. Masse auf Windbeutel verteilen.

8

Sahne mit Sahnesteif, Puderzucker und Vanillinzucker steif schlagen, mit Spritzbeutel auf Kirschmasse geben, Deckel auflegen, mit Puderzucker bestäuben.

Éclairs

Éclairs heißen bei uns auch Liebesknochen. Das Gebäck ist länglich geformt und mit leckeren Füllungen versehen – wie zum Beispiel mit Erdbeer-, Himbeer-, Kaffee-, Schokoladen- oder Vanillecreme, aber auch Sahne- oder Puddingfüllungen sind beliebt. Verliebte essen das Gebäck wie Susi und Strolch ihre Spaghetti: abbeißen an jedem Ende, bis sich die Lippen in der Mitte treffen. Napoleon hat dieses Gebäck übrigens, wie so vieles anderes, mit nach Deutschland gebracht – daher der französische Name.

ZUTATEN

(für 12 Stück)

Für den Teig:	200 g kalte Schlagsahne
75 g Weizenmehl	1 Päckchen Sahnesteif
1 Messerspitze Backpulver	2 EL Aprikosenmarmelade
25 g Butter	
15 g Speisestärke	Backblech
3 Eier	Spritzbeutel mit großer Sterntülle
Für die Füllung:	
50 g weiche Nuss-Nougat-Creme	**Zubereitungszeit:** ca. 55 Minuten

1 Backblech fetten, mit Backpapier auslegen. 125 Milliliter Wasser mit der Butter aufkochen. Mehl mit Speisestärke mischen, in noch heiße Flüssigkeit geben.

2 Masse zu einem glatten Teig verrühren. Eine Minute unter Rühren erhitzen (abbrennen). In eine Rührschüssel geben. Backofen auf 200 Grad vorheizen.

3 Zwei Eier mit Mixer (Knethaken) auf höchster Stufe unter den Teig rühren. Drittes Ei separat verquirlen. Nur so viel Ei unter den Teig geben, bis er glänzt.

4 Backpulver unter kalten Teig rühren. Einen Teil des Teigs in den Spritzbeutel füllen, zwölf etwa acht Zentimeter lange Streifen auf das Backblech spritzen.

5 20 Minuten backen, Ofenklappe vorher nicht öffnen, der Teig fällt sonst zusammen. Sofort nach dem Backen von jedem Stück einen Deckel abschneiden

6 Éclairs auf einem Kuchenrost erkalten lassen. Aprikosenmarmelade durch ein Sieb streichen, unter Rühren erhitzen. Gebäckdeckel dünn damit bestreichen.

7 Schlagsahne mit Sahnesteif mit dem Handmixer auf höchster Stufe steif schlagen, dann Nuss-Nougat-Creme teelöffelweise vorsichtig unterrühren.

8 Die Nougat-Sahne in einen Spritzbeutel mit Sterntülle füllen, auf die untere Teighälfte spritzen und die Deckel wieder auflegen.

Makronen mit Amaretto

ZUTATEN

(für 40-50 Stück)

Für die Eiweißmasse:	1 TL Amaretto (Mandellikör)
15 g Weizenmehl	50 g weiche Butter
100 g Zucker	Etwas Kakao (ungezuckert) zum Bestäuben
100 g abgezogene, gemahlene Mandeln	
1 TL Amaretto (Mandellikör)	Backblech/Backpapier
30 g Butter	Spritzbeutel
3 Eiweiß	mit Lochtülle (10 mm ø)
Für die Trüffelmasse:	**Zubereitungszeit:**
50 g Puderzucker	ca. 105 Minuten
50 g Zartbitterschokolade	

Makronen sind ein traditionelles Weihnachtsgebäck. Ihre Herstellung ist mindestens seit dem 16. Jahrhundert belegt, wobei der Ursprung in Italien als wahrscheinlich gilt. Üblicherweise verwendet man Mandeln als Grundzutat, häufig werden aber auch Kokosraspeln (Kokosmakronen, Kokosbusserl) verwendet. Eine italienische Variante sind Amarettini, die mit Mandel- oder Aprikosenkernen und Amaretto zubereitet werden.

1

Für die Eiweißmasse: Butter in kleinem Topf zerlassen, abkühlen lassen. Backblech fetten und mit Backpapier belegen. Backofen auf 120 Grad vorheizen.

2

Eiweiß in einer Rührschüssel mit einem Mixer (Rührbesen) auf höchster Stufe so lange steif schlagen, dass ein Messerschnitt sichtbar bleibt.

3

Zucker auf höchster Stufe unterschlagen. Mandeln und Mehl mithilfe eines Teigschabers unterheben. Butter und Amaretto vorsichtig unterrühren.

4

Masse in den Spritzbeutel füllen, Tupfen von etwa zwei Zentimeter Größe auf das Backblech spritzen. Auf mittlerer Schiene 45 Minuten backen.

5

Die Makronen mit dem Backpapier vom Backblech ziehen und auf einem Kuchenrost erkalten lassen. Die Hälfte der Makronen zur Seite legen.

6

Für die Trüffelmasse: Puderzucker sieben, die Schokolade grob zerkleinern und im Wasserbad bei schwacher Hitze schmelzen.

7

Butter mit Mixer (Rührbesen) cremig rühren, Puderzucker, Amaretto und Schokolade gut unterrühren, 30 Minuten in den Kühlschrank stellen.

8

Die Hälfte der Makronen auf der Unterseite mit Creme bestreichen, die andere Hälfte jeweils als Gegenstück darauflegen und andrücken. Mit Kakao bestäuben.

Zimtsterne

Zimtsterne sind ein ganz besonderer Genuss. Natürlich nicht die Sterne, die man im Supermarkt in eingeschweißten Paketen kauft, sondern die selbst gemachten. Hier kann man nämlich alle Zutaten selber bestimmen und je nach Geschmack variieren. Für die Zubereitung des Teiges benötigt man nicht allzu viele Dinge. Ein wenig Mehl, gemahlene Mandeln oder Haselnüsse, Eier, Puderzucker und natürlich Zimt. Je nach Geschmack kann man den Teig noch mit etwas Zitronenabrieb oder Likör, zum Beispiel Amaretto, verfeinern. Übrigens: Zimtsterne schmecken umso besser, je länger man sie in der Plätzchendose aufbewahrt, dann entfalten sie ihr volles Aroma.

ZUTATEN

(für ca. 40 Stück)

250 g Puderzucker
400 g gemahlene Haselnüsse
1 Päckchen Vanillinzucker
1 gestrichener TL gemahlener Zimt
3 Eiweiß

Ausstechförmchen (Sterne)
Backblech

Zubereitungszeit: ca. 1 Stunde

1

Eiweiß mit dem Mixer steif schlagen. Das Backblech mit Backpapier auslegen und den Backofen auf 140 Grad vorheizen.

2

Den Puderzucker sieben und nach und nach unter das Eiweiß rühren. Zwei Esslöffel zum Bestreichen der Sterne davon abnehmen und beiseite stellen.

3

Vanillinzucker, Zimt und 150 g der gemahlenen Haselnüsse vorsichtig mit dem Mixer unter den Eischnee rühren. Den Rest der Haselnüsse mit der Hand unterkneten.

4

Die Arbeitsfläche mit Mehl bestäuben. Darauf den Teig etwa einen halben Zentimeter dick ausrollen.

5

Sterne ausstechen und auf das Backblech legen. Dazu die Ausstechform immer vorher in Wasser tauchen, dann gelingt das Ausstechen besser.

6

Die Sterne jetzt mit dem beiseitegestellten Eischnee bestreichen. Vorsicht: Der Eischnee sollte sich glatt verstreichen lassen.

7

Die Zimtsterne auf dem Backblech bei 140 Grad etwa 25 Minuten backen. Beim Herausnehmen sollten die Zimtsterne an der Unterseite noch weich sein.

8

Die gebackenen Zimtsterne mit dem Backpapier vom Backblech ziehen und auf einem Kuchenrost abkühlen lassen.

Baisers

Baisers, ausgesprochen wie „Besee“, werden eigentlich nicht richtig gebacken, sondern eher bei niedriger Temperatur getrocknet. Sie sind perfekt, wenn sie noch weiß bis blassgelb sind. Gibt man der Baisermasse (aufgeschlagenes Eiweiß mit Zucker) etwas Zitronensaft hinzu, wird sie fester. Denn die Zitronensäure lässt das Eiweiß quellen und macht somit die Masse stabiler. Die Baisermasse zerfällt innerhalb von zehn bis 20 Minuten wieder zu Eiweiß, wenn sie nicht weiterverarbeitet wird.

ZUTATEN

(für ca. 15 Stück)

200 g sehr feiner Zucker
4 Eiweiß

Backblech
Spritzbeutel

Zubereitungszeit: ca. 110 Minuten

1

Die vier Eiweiß mit dem Rührbesen auf höchster Stufe steif schlagen.

2

Die Masse ist fertig, wenn sie weiß und so fest ist, dass ein Messerschnitt sichtbar bleibt.

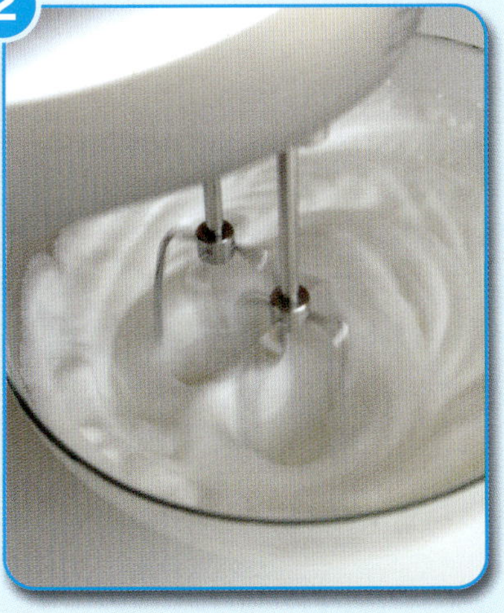

3

Nach und nach den Zucker unterrühren.

4

Die Baisermasse in einen Spritzbeutel füllen.

5

Beliebige Formen auf ein mit Backpapier ausgelegtes Backblech spritzen.

6

Das Backblech in den nicht vorgeheizten Ofen schieben. Bei 100 Grad circa 80 bis 100 Minuten backen.

Stichwortregister

Hier finden Sie alle Rezepte in alphabetischer Reihenfolge

BILDNACHWEIS

Die Fotos in diesem Buch produzierte Andreas Friese. Außerdem bedankt sich der Verlag für die freundliche Unterstützung bei folgenden Fotografen und Agenturen:

Fotolia.com
Fischer, Christian 3 (u. r.); Reitz-Hofmann, Birgit 4 (1. Reihe l./m.); goos_lar 4 (1. Reihe r.); UMA 4 (2. Reihe r.); blende40 4 (3. Reihe m.); Steiner, Carmen 12; Svenja98 22; storman 26; Tilo 46; gavioneta 70; Jung, Christian 82; Dennis, Elke 98; GaToR-GFX 122; ExQuisine 124

Stockfood.de
Z.Sandmann/Newedel/StockFood 44/45; Z.Sandmann/Teubner 100/101

Frank Zauritz/BILD am SONNTAG (4)